金刚经

中国佛学经典宝藏

5

程恭让 释译

星云大师总监修

人民东方出版传媒
東方出版社

图书在版编目（CIP）数据

金刚经 / 程恭让 释译. —北京：东方出版社，2018. 8
(中国佛学经典宝藏)
ISBN 978-7-5060-8555-7

Ⅰ. ①金… Ⅱ. ①程… Ⅲ. ①佛经②《金刚经》—注释③《金刚经》—译文
Ⅳ. ①B942. 1

中国版本图书馆 CIP 数据核字（2015）第 267827 号

金刚经
(JINGANGJING)

释 译 者：程恭让
责任编辑：王梦楠 杨 灿
出 版：东方出版社
发 行：人民东方出版传媒有限公司
地 址：北京市东城区朝阳门内大街 166 号
邮 编：100010
印 刷：北京明恒达印务有限公司
版 次：2018 年 8 月第 1 版
印 次：2024 年 10 月第 5 次印刷
开 本：880 毫米×1230 毫米 1/32
印 张：10. 5
字 数：180 千字
书 号：ISBN 978-7-5060-8555-7
定 价：43. 00 元
发行电话：(010) 85924663 85924644 85924641

《中国佛学经典宝藏》大陆简体字版编审委员会

总序

星云

自读首楞严，从此不尝人间糟糠味；

认识华严经，方知已是佛法富贵人。

诚然，佛教三藏十二部经有如暗夜之灯炬、苦海之宝筏，为人生带来光明与幸福，古德这首诗偈可说一语道尽行者阅藏慕道、顶戴感恩的心情！可惜佛教经典因为卷帙浩瀚、古文艰涩，常使忙碌的现代人有义理远隔、望而生畏之憾，因此多少年来，我一直想编纂一套白话佛典，以使法雨均沾，普利十方。

一九九一年，这个心愿总算有了眉目。是年，佛光山在中国大陆广州市召开“白话佛经编纂会议”，将该套丛书定名为《中国佛教经典宝藏》①。后来几经集思广

① 编者注：《中国佛教经典宝藏》丛书，大陆出版时改为《中国佛学经典宝藏》丛书。

益，大家决定其所呈现的风格应该具备下列四项要点：

一、启发思想：全套《中国佛教经典宝藏》共计百余册，依大乘、小乘、禅、净、密等性质编号排序，所选经典均具三点特色：

1. 历史意义的深远性
2. 中国文化的影响性
3. 人间佛教的理念性

二、通顺易懂：每册书均设有原典、注释、译文等单元，其中文句铺排力求流畅通顺，遣词用字力求深入浅出，期使读者能一目了然，契入妙谛。

三、文简意赅：以专章解析每部经的全貌，并且搜罗重要的章句，介绍该经的精神所在，俾使读者对每部经义都能透彻了解，并且免于以偏概全之谬误。

四、雅俗共赏：《中国佛教经典宝藏》虽是白话佛典，但亦兼具通俗文艺与学术价值，以达到雅俗共赏、三根普被的效果，所以每册书均以题解、源流、解说等章节，阐述经文的时代背景、影响价值及在佛教历史和思想演变上的地位角色。

兹值佛光山开山三十周年，诸方贤圣齐来庆祝，历经五载、集二百余人心血结晶的百余册《中国佛教经典宝藏》也于此时隆重推出，可谓意义非凡，论其成就，则有四点可与大家共同分享：

一、佛教史上的开创之举：民国以来的白话佛经翻译虽然很多，但都是法师或居士个人的开示讲稿或零星的研究心得，由于缺乏整体性的计划，读者也不易窥探佛法之堂奥。有鉴于此，《中国佛教经典宝藏》丛书突破窠臼，将古来经律论中之重要著作，做有系统的整理，为佛典翻译史写下新页！

二、杰出学者的集体创作：《中国佛教经典宝藏》丛书结合中国大陆北京、南京各地名校的百位教授、学者通力撰稿，其中博士学位者占百分之八十，其他均拥有硕士学位，在当今出版界各种读物中难得一见。

三、两岸佛学的交流互动：《中国佛教经典宝藏》撰述大部分由大陆饱学能文之教授负责，并搜录台湾教界大德和居士们的论著，借此衔接两岸佛学，使有互动的因缘。编审部分则由台湾和大陆学有专精之学者从事，不仅对中国大陆研究佛学风气具有带动启发之作用，对于台海两岸佛学交流更是帮助良多。

四、白话佛典的精华集萃：《中国佛教经典宝藏》将佛典里具有思想性、启发性、教育性、人间性的章节做重点式的集萃整理，有别于坊间一般“照本翻译”的白话佛典，使读者能充分享受“深入经藏，智慧如海”的法喜。

今《中国佛教经典宝藏》付梓在即，吾欣然为之作序，并借此感谢慈惠、依空等人百忙之中，指导编修；吉广舆等人奔走两岸，穿针引线；以及王志远、赖永海等大陆教授的辛勤撰述；刘国香、陈慧剑等台湾学者的周详审核；满济、永应等“宝藏小组”人员的汇编印行。由于他们的同心协力，使得这项伟大的事业得以不负众望，功竟圆成！

《中国佛教经典宝藏》虽说是大家精心擘划、全力以赴的巨作，但经义深邈，实难尽备；法海浩瀚，亦恐有遗珠之憾；加以时代之动乱，文化之激荡，学者教授于契合佛心，或有差距之处。凡此失漏必然甚多，星云谨以愚诚，祈求诸方大德不吝指正，是所至祷。

一九九六年五月十六日于佛光山

原版序
敲门处处有人应

慈惠

《中国佛教经典宝藏》是佛光山继《佛光大藏经》之后，推展人间佛教的百册丛书，以将传统《大藏经》精华化、白话化、现代化为宗旨，力求佛经宝藏再现今世，以通俗亲切的面貌，温渥现代人的心灵。

佛光山开山三十年以来，家师星云上人致力推展人间佛教，不遗余力，各种文化、教育事业蓬勃创办，全世界弘法度化之道场应机兴建，蔚为中国现代佛教之新气象。这一套白话精华大藏经，亦是大师弘教传法的深心悲愿之一。从开始构想、擘划到广州会议落实，无不出自大师高瞻远瞩之眼光，从逐年组稿到编辑出版，幸赖大师无限关注支持，乃有这一套现代白话之大藏经问世。

这是一套多层次、多角度、全方位反映传统佛教文化的丛书，取其精华，舍其艰涩，希望既能将《大藏经》

深睿的奥义妙法再现今世，也能为现代人提供学佛求法的方便舟筏。我们祈望《中国佛教经典宝藏》具有四种功用：

一、是传统佛典的精华书

中国佛教典籍汗牛充栋，一套《大藏经》就有九千余卷，穷年皓首都研读不完，无从赈济现代人的枯槁心灵。《宝藏》希望是一滴浓缩的法水，既不失《大藏经》的法味，又能有稍浸即润的方便，所以选择了取精用弘的摘引方式，以舍弃庞杂的枝节。由于执笔学者各有不同的取舍角度，其间难免有所缺失，谨请十方仁者鉴谅。

二、是深入浅出的工具书

现代人离古愈远，愈缺乏解读古籍的能力，往往视《大藏经》为艰涩难懂之天书，明知其中有汪洋浩瀚之生命智慧，亦只能望洋兴叹，欲渡无舟。《宝藏》希望是一艘现代化的舟筏，以通俗浅显的白话文字，提供读者遨游佛法义海的工具。应邀执笔的学者虽然多具佛学素养，但大陆对白话写作之领会角度不同，表达方式与台湾有相当差距，造成编写过程中对深厚佛学素养与流畅白话语言不易兼顾的困扰，两全为难。

三、是学佛入门的指引书

佛教经典有八万四千法门，门门可以深入，门门是无限宽广的证悟途径，可惜缺乏大众化的入门导览，不易寻觅捷径。《宝藏》希望是一支指引方向的路标，协助十方大众深入经藏，从先贤的智慧中汲取养分，成就无上的人生福泽。

四、是解深入密的参考书

佛陀遗教不仅是亚洲人民的精神归依，也是世界众生的心灵宝藏。可惜经文古奥，缺乏现代化传播，一旦庞大经藏沦为学术研究之训诂工具，佛教如何能扎根于民间？如何普济僧俗两众？我们希望《宝藏》是百粒芥子，稍稍显现一些须弥山的法相，使读者由浅入深，略窥三昧法要。各书对经藏之解读诠释角度或有不足，我们开拓白话经藏的心意却是虔诚的，若能引领读者进一步深研三藏教理，则是我们的衷心微愿。

大陆版序一

《中国佛教经典宝藏》是一套对主要佛教经典进行精选、注译、经义阐释、源流梳理、学术价值分析，并把它们翻译成现代白话文的大型佛学丛书，成书于二十世纪九十年代，由台湾佛光文化事业有限公司出版，星云大师担任总监修，由大陆的杜继文、方立天以及台湾的星云大师、圣严法师等两岸百余位知名学者、法师共同编撰完成。十几年来，这套丛书在两岸的学术界和佛教界产生了巨大的影响，对研究、弘扬作为中国传统文化重要组成部分的佛教文化，推动两岸的文化学术交流发挥了十分重要的作用。

《中国佛学经典宝藏》则是《中国佛教经典宝藏》的简体字修订版。之所以要出版这套丛书，主要基于以下的考虑：

首先，佛教有三藏十二部经、八万四千法门，典籍浩瀚，博大精深，即便是专业研究者，穷其一生之精力，恐也难阅尽所有经典，因此之故，有“精选”之举。

其次，佛教源于印度，汉传佛教的经论多译自梵语；加之，代有译人，版本众多，或随音，或意译，同一经文，往往表述各异。究竟哪一种版本更契合读者根机？哪一个注疏对读者理解经论大意更有助益？编撰者除了标明所依据版本外，对各部经论之版本和注疏源流也进行了系统的梳理。

再次，佛典名相繁复，义理艰深，即便识得其文其字，文字背后的义理，诚非一望便知。为此，注译者特地对诸多冷僻文字和艰涩名相，进行了力所能及的注解和阐析，并把所选经文全部翻译成现代汉语。希望这些注译，能成为修习者得月之手指、渡河之舟楫。

最后，研习经论，旨在借教悟宗、识义得意。为了将其思想义理和现当代价值揭示出来，编撰者对各部经论的篇章品目、思想脉络、义理蕴涵、学术价值等所做的发掘和剖析，真可谓殚精竭虑、苦心孤诣！当然，佛理幽深，欲入其堂奥、得其真义，诚非易事！我们不敢奢求对于各部经论的解读都能鞭辟入里，字字珠玑，但希望能对读者的理解经义有所启迪！

习近平主席最近指出：“佛教产生于古代印度，但传入中国后，经过长期演化，佛教同中国儒家文化和道家文化融合发展，最终形成了具有中国特色的佛教文化，给中国人的宗教信仰、哲学观念、文学艺术、礼仪习俗等留下了深刻影响。”如何去研究、传承和弘扬优秀佛教文化，是摆在我们面前的一个重要课题，人民东方出版传媒有限公司拟对繁体字版的《中国佛教经典宝藏》进行修订，并出版简体字版的《中国佛学经典宝藏》，随喜赞叹，寥寄数语，以叙因缘，是为序。

二〇一六年春于南京大学

大陆版序二

依空

身材高大、肤色白皙、擅长军事的亚利安人，在公元前四千五百多年从中亚攻入西北印度，把当地土著征服之后，为了彻底统治这里的人民，建立了牢不可破的种姓制度，创造了无数的神祇，主要有创造神梵天、破坏神湿婆、保护神毗婆奴。人们的祸福由梵天决定，为了取悦梵天大神，需要透过婆罗门来沟通，因为他们是从梵天的口舌之中生出，懂得梵天的语言——繁复深奥的梵文，婆罗门阶级是宗教祭祀师，负责教育，更掌控了神与人之间往来的话语权。四种姓中最重要的是刹帝利，举凡国家的政治、经济、军事、文化等等都由他们实际操作，属贵族阶级，由梵天的胸部生出。吠舍则是士农工商的平民百姓，由梵天的膝盖以上生出。首陀罗则是被踩在梵天脚下的土著。前三者可以轮回，纵然几世轮转都无法脱离原来种姓，称为再生族；首陀罗则连轮回的因缘都没有，为不生族，生生世世为首陀罗，子孙也倒霉跟着宿命，无法改变身份。相对于此，贱民比首陀罗更为卑微、低贱，连四种姓都无法跻身其中，只能从事挑粪、焚化尸体等最卑贱、龌龊的工作。

出身于高贵种姓释迦族的悉达多太子，为了打破种姓制度的桎梏，舍弃既有的优越族姓，主张一切众生皆平等，成正等觉，创立了佛教僧团。为了贯彻佛教的平等思想，佛陀不仅先度首陀罗身份的优婆离出家，后度释迦族的七王子，先入山门为师兄，树立僧团伦理制度。佛陀更严禁弟子们用贵族的语言——梵文宣讲佛法，而以人民容易理解的地方口语来演说法义，这就是巴利文经典的滥觞。佛陀认为真理不应该是属于少数贵族、知识分子的专利或装饰，而应该更贴近普罗大众，属于平民百姓共有共知。原来佛陀早就在推动佛法的普遍化、大众化、白话化的伟大工作。

佛教从西汉哀帝末年传入中国，历经东汉、魏晋南北朝、隋唐的漫长艰巨的译经过程，加上历代各宗派祖师的著作，积累了庞博浩瀚的汉传佛教典籍。这些经论义理深奥隐晦，加以书写的语言文字为千年以前的古汉文，增加现代人阅读的困难，只能望着汗牛充栋的三藏十二部扼腕慨叹，裹足不前。

如何让大众轻松深入佛法大海，直探佛陀本怀？佛光山开山宗长星云大师乃发起编纂《中国佛教经典宝藏》。一九九一年，先在大陆广州召开“白话佛经编纂会议”，订定一百本的经论种类、编写体例、字数等事项，礼聘中国社科院的王志远教授、南京大学的赖永海教授分别为中国大陆北方与南方的总联络人，邀请大陆各大学的佛教学者撰文，后来增加台湾部分的三十二本，是为一百三十二册的《中国佛教经典宝藏精选白话版》，于一九九七年，作为佛光山开山三十周年的献礼，隆重出版。

六七年间我个人参与最初的筹划，多次奔波往来于大陆与台湾，小心谨慎带回作者原稿，印刷出版、营销推广。看到它成为佛教徒家中的传家宝藏，有心了解佛学的莘莘学子的入门指南书，为星云大师监修此部宝藏的愿心深感赞叹，既上契佛陀“佛法不舍一众”的慈悲本怀，更下启人间佛教“普世益人”的平等精神。尤其可喜者，欣闻现大陆出版方东方出版社潘少平总裁、彭明哲副总编亲自担纲筹划，组织资深编辑精校精勘；更有旅美企业家鲁彼德先生事业有成之际，秉“十方来，十方去，共成十方事”之襟怀，促成简体字版《中国佛学经典宝藏》的刊行。今付梓在即，是为序，以表随喜祝贺之忱！

二〇一六年元月

目　录

题解

《金刚经》是佛于般若十六会中第九会所说，在《大般若经》六百卷中，《金刚经》属承上启下之作。《金刚经》篇幅短小，以现行之流通本而论，全经不过五千八百余字，但文约义富，意蕴深远，足以提举般若学的纲要。

《金刚经》流入中土以后，经过僧肇、吉藏、智顗（据《辞海》）、惠能等各大宗师的诠释和弘扬，对中国佛教产生了巨大而深刻的影响。《金刚经》“无住生心”的理念透入各宗学说中，成为中土佛教各大宗派的理论血脉，六祖更借此悟入自性般若，别开生面地由般若中观开出南宗顿禅。明清以降，稍有文化之佛教徒，无不读诵受持《金刚经》，以此为“学佛之径路”①。

本经在中国，共有六种异译本：

1. 姚秦时鸠摩罗什译本，名为《金刚般若波罗蜜经》。

2. 南北朝时北魏菩提流支译本，名为《佛说金刚般若波罗蜜经》。

3. 南北朝时陈真谛译本，名为《金刚般若波罗蜜经》。

4. 隋代达摩笈多译本，名为《金刚能断般若波罗蜜经》。

5. 唐代玄奘法师译本，名为《能断金刚般若波罗蜜经》。

6. 唐代义净法师译本，经名也为《能断金刚般若波罗蜜经》。

另外，唐代译经师地婆诃罗在翻译印度中观学派论师功德施解释《金刚经》的论著《破取着不坏假名论》时，虽未译出全经，但他把释义同经文常掺在一起，他的翻译也可作《金刚经》的文本考定之用。

以上六种译本中，罗什法师的译本在中土最为流行。罗什的译文，用笔洗练，文字优美，极便诵读，所以中国的佛教徒，大都受持罗什的《金刚经》。再以注疏而论，中土各大论师中，除窥基依奘译、智俨等依魏译而外，真正对《金刚经》的诠释颇多创见的解释著作，如肇注、智疏、吉藏之《义疏》，以及五祖、六祖等所依据的都是罗什的翻译。以罗什译本之流行和受持信众之普及而论，他的《金刚经》足可和他另一部著名的译作《法华经》相媲美。

比较起来，罗什的译文和其他各家有很大的差别。根据印顺法师和演培法师的意见[②]，这种差别，一方面由于罗什的意译风格所致，一方面也由于各家翻译时所依据的版本原就不同；但还有一个招致翻译上差别的不可忽视的原因，那就是各家学术师承之差异。

概括说来，罗什的《金刚经》翻译完全站在中观学派（大乘空宗）的立场上，而其他各家各派则或多或少受着瑜伽行派（大乘有宗）观点的影响。细考各家之译作，印顺法师和演培法师的意见是正确的。

在《金刚经》开头须菩提启请的部分，罗什是这样翻译的："善男子、善女人发阿耨多罗三藐三菩提心，云何应住？云何降伏其心？"同一个地方，菩提流支的译文是："云何菩萨大乘中，发阿耨多罗三藐三菩提心？应云何住？云何修行？云何降伏其心？"义净则译成："若有发趣菩萨乘者，云何应住？云何修行？云何摄伏其心？"

上面三种翻译中，罗什把修行人正确安心和降伏妄心都定位在发无上菩提心上；菩提流支的译文则在菩提心前，加上"菩萨大乘"，态度比较骑墙；义净则干脆删掉了无上菩提心，而用"发趣菩萨乘"替换。应当说：义净这种译法同大乘有宗特重菩萨行的立场是一致的。

罗什译文的另一处重大不同即所谓“四句偈”问题。罗什在“不应以三十二相观如来”之后译出的“四句偈”是：“若以色见我，以音声求我，是人行邪道，不能见如来。”魏译本中这个“四句偈”完全相同，但魏译在此四句偈下还有一偈：“彼如来妙体，即法身诸佛，法体不可见，彼识不能知。”菩提流支补译的这个四句偈是《金刚经》本文中原有的，因为，在义净的译本中也有此偈，义净译为：“应观佛法性，即导师法身，法性非所识，故彼不能了。”

罗什为什么不译这个四句偈呢？仅仅从文字经济的角度看，是说不通的，因为魏译和唐译补足的这个偈子，本身并非闲文。智顗（据《辞海》）曾说，《金刚经》全经的宗旨是发挥“若见诸相非相，则见如来”[③]，根据这个说法，如来或者实相都只能用“诸相非相”来表达，亦即只能用否定的形式来表达，而第二偈说如来妙体、说诸佛法身、说法性法体，从语例上讲，这些都是属于肯定的表达方式。显然，罗什认为这种肯定表达方式对于陈述《金刚经》的宗旨不太恰当，或者至少容易误解，所以他删而不译了。

其次，第二个偈语涉及有分别识不能体认法性法体的认识问题，如无著在解释此偈时，即明确地说："此真如法身，非是识境故。"[4]真如不是分别识的境界，此一说法不仅已涉入唯识学的认识理论，而且根据中观学派扫一切相、破一切执的彻底态度，此种问题根本不可能发生。

罗什译文的第三个重大特色是他极为明确地采纳了"即非，是名"的规范格式。根据龙树在《中论》中确立的原则，一切存在现象都是因缘所生，了无自性，绝不可以实体规范存在；但也不能走到另一个极端，排斥存在的一切规定性，说存在是完全断灭的。这就是说，诸法存在之实际情态，既不能说是有，也不能说是无，"浅智见诸法，若有若无相，是则不能见，灭见安隐法"[5]。在著名的《观四谛品》中，龙树因此用"假名"规定法的这种存在状态："众因缘生法，我说即是空，亦为是假名，亦是中道义。"[6]

所谓中道就是要在有无之间把握一个平衡，远离极端，不有不无；对诸法采取如是态度，即是把一切法看成假名；从自性空的角度看，一切法皆不真实；从因缘有的角度看，一切法又不无存在之规定性。这就是中观学派以法为"假名"的含义。

据此，可以说罗什在《金刚经》翻译时采用"即非，是名"的固定格式就不是偶然的。"是名"和"假名"的意义完全一致，它们和大乘空宗的基本理念完全吻合。从其他各家译本来看，凡罗什译为“即非，是名”的地方，其他各家大都散漫而译，缺乏规范，只有菩提流支的翻译比较忠实于或接近于罗什的理解。

此外罗什的译本缺少一段话，这段话是：“尔时，慧命须菩提白佛言：世尊，颇有众生，于未来世，闻说是法，生信心不？佛言：须菩提，彼非众生，非不众生。何以故？须菩提，众生众生者，如来说非众生，是名众生。”其他各家译本中均有这段话（当然，文字稍有出入），但是从肇注以至唐宗密的《金刚经疏论纂要》（这些都是依据罗什的）都未涉及此段。唐柳公权为右街僧录准公所书之《金刚经》也没有这段话。此后各种版本中有的补入了魏译中的这段话，有的则未补入；五代以后的各种版本则无不补入此段。因此，今天流行的《金刚经》版本，包括朱棣集注之《金刚经》和依据它的金陵刻经处版，是在罗什的译文里又补入菩提流支所译六十二字后形成的。

罗什的译本还有一个地方与其他各家不同。《金刚经》在最后部分谈及对一切有为生灭法作空观时，曾用各种世间之物设喻，罗什译成了六喻，即“如梦、幻、泡、影，如露亦如电”。但是流支的译本则有九喻，它们是“如星、翳、灯、幻、露、泡、梦、电、云”，唐义净的译本与魏译完全相同。罗什这里的译法应该算是节译，六喻和九喻在文义上都是对万法作无常观，所以译成六喻还是译成九喻本来无关宏旨。

可是，印度大乘有宗之创始人无著在解释这个偈颂时，分别用见（认识活动中的主观方面）、相（认识活动中的客观方面）、识（意识活动本身）、居处（又叫界，众生身体以外的环境）、身（众生之身体）、受用（众生苦、乐、不苦不乐三种感受活动）、过去（时间上的过去一维）、现在（时间上的现在一维）以及未来（时间上的未来一维）这九种事物对应九喻，这就使得九喻有了确定的意义[⑦]。

无著这个说法对后世影响很大，如唐代智俨在魏译《金刚经》的疏中也就采取了无著的这一说法[⑧]。唐代义净法师称赞无著对九喻的解释“文致幽深，理义玄简”，并为此专门写了一篇文章对无著的说法进行再发挥[⑨]。

罗什最早翻译了《金刚经》，但是在罗什以后相当长的时间里，罗什这部译作并未得到广大信徒的传持，只是在专门学者那里，《金刚经》才受到关注和重视。

禅宗五祖弘忍是第一个劝人一心受持《金刚经》的人，在五祖的门下，《金刚经》的传习始成风气。六祖的得法因缘和大力倡导更使《金刚经》的影响逐步扩大。此后一直到明清，禅宗学徒遍天下，《金刚经》遂亦流入民间，在佛教信众中几至家喻户晓。

《金刚经》受持既众，书写刊印既多，文字伪夺，自然因之而日繁。这种情况在清末引起许多学人的注意，于是乃有民初佛教大居士江味农对《金刚经》作文本上的详细考证。

在江味农居士的《金刚经讲义》里，附有《金刚经校勘记》、《校勘记》及《金刚经校正本跋》，从这几篇资料可以看出，江的辨正方法主要是通过对古代各家注疏本进行比较，凡古注本中未会入经文的（如智顗疏），就根据注疏的口气推测经文的文字原貌；古注本中已会入经文的，就把经文同后代的明清流通本进行比较，辨别其真伪。江的这种做法用工极为细致，也极有成效。

江味农自己的《金刚经讲义》依敦煌石室唐人写经，柳公权书写的，也即石室藏经之一。江味农列出了他的主要校勘书，这些校勘书实即罗什译本《金刚经》的各种有价值的古代版本。

这些版本是：

柳书，长庆四年四月六日柳公权为右街僧录准公书。

翁书，乾隆五十七年壬子，翁方纲依南唐道颙法师之石本刻经书。

宋藏，也就是碛砂藏，此藏经始于南宋理宗绍定四年，完成于元武宗至大二年。

张书，南宋理宗宝祐二年甲寅，张樗寮（即之）依天台教僧宗印校本书。

《金刚经注疏》，唐纪国寺释慧净注，此疏会入经文字句多与柳书同，且少魏译一段。

《金刚经注》，姚秦释僧肇注，此注会入经文字句与南唐石刻及长水刊定记，互有出入，已加入魏译六十二字。

《金刚经智者疏》，隋天台智者说，清光绪三十三年金陵刻。

《金刚经义疏》，隋嘉祥吉藏撰，民国六年金陵刻。

《金刚经赞述》，唐大慈恩寺窥基撰，民国六年金陵刻。

《金刚经疏论纂要》，唐大兴福寺宗密述。（以上四书，皆得自日本，其中义疏金陵刻时会入当时流通的经文，其他三书所会入的经文则与当时的流通本有同有异。）

《金刚经疏记汇编》，民国十九年北平刻，疏即疏论纂要，记是宋长水沙门子璇所撰之刊定记⑩。

江味农文本考证的第一个重大结果是提醒人们意识到当时流行之《金刚经》，在文字上有很多已非罗什译经时的原貌。根据江的统计，当时流通本中这类情况有六十多处，不过，一般说来，这种情况往往不影响对经意的理解，然而，从恢复罗什译经原貌的角度看，江的勘订工作无疑具有极重要的意义。

江氏文本考证的第二个重要方面涉及《金刚经》之文义脉络。从《金刚经》的诠释传统看，历史上无著、功德施、智者以及禅宗六祖对此问题或有涉及，或有暗示，各大注释家从修证位次、听众根性或者断疑生信等各个角度立论，证明《金刚经》前后文义上的一贯，说明《金刚经》在文本前后的两部分间没有重复拖沓之病。但是由于以上各家均未能注意从文本本身找出证据，所以他们的讲法显得缺乏说服力。江味农的文本考证工作正是补充了此点。

江发现，明以前的各种版本及敦煌写经在清刻本，以及现行流通本《金刚经》前部分作“云何应住”的地方均写成“应云何住”，这和《金刚经》后部分须菩提所问“云何应住”，从含义上说有着重大的分别，因此只有恢复罗什原译，在经文前后两部分须菩提提问处分别作“应云何住”和“云何应住”，才能透彻地显示出《金刚经》前后两部分的文义线索来。

按照江味农的看法，“应云何住”和“云何应住”两问的意义绝不相同：“前问应云何住，是问菩提心应云何安住，俾无驰散，为初发大心修行者说也；后问云何应住，是问既应离一切相发心，则菩提心云何独应住耶？若不住此法，又何谓之发心？若不应住而应降伏者，岂非不发心耶？然则云何降伏其心耶？是为已发大心修行者说也。”[11]

江氏从文本上发现《金刚经》文义的内在线索，这一做法值得激赏。如果把罗什译本《金刚经》同菩提流支和义净的译本作一比较，就可看出，江氏的这一结论是可信的。

魏译《金刚经》在前后部分分别译成“应云何住？云何修行？云何降伏其心？”和“云何住？云何修行？云何降伏其心？”，详其语气，前后正有区别。

义净译本中前部分译成“云何应住？云何修行？云何摄伏其心？”，后部分则为“应云何住？云何修行？云何摄伏其心？”，其用语顺序虽然与江氏所考者恰好相反，但却至少说明译经师希望通过语气的曲折变化表达出经文前后的语义线索来。

江氏文本考证的第三个方面同“即非，是名”句式有关，他认为自己这一方面的努力是他文本考证中的最重要方面，但是，这是错误的，或者是不必要的。

江氏通过比较《金刚经》的各种古代版本，发现流通本中有四个“即非，是名”句（佛法即非佛法，是名佛法；般若波罗蜜即非般若波罗蜜，是名般若波罗蜜；忍辱波罗蜜即非忍辱波罗蜜，是名忍辱波罗蜜；凡夫即非凡夫，是名凡夫），这四个三段式中的“是名”部分应该是罗什的原文中没有的。但是，比较魏译和唐译，我们发现第一句和第四句中的“是名”部分都有，这应该是罗什的漏译，只有第二句和第三句，江的结论是正确的[12]。

江考证“即非，是名”句的目的，是要反对天台及禅宗后学处处以三谛格式解释三段语式的僵化做法，但是事实上，如果坚持以“是名”作“假名”理解，那么不仅可以完全成功地解释《金刚经》中的所有三段式，而且似乎也更加吻合于中观学派的基本理念。

南北朝时陈智者大师曾立“五重玄义”解释《金刚经》大意。“五重玄义”是“名、体、宗、用、相”，其中名即解释经题。《金刚经》，全称应该是《金刚般若波罗蜜经》，按照佛典立名的规范格式（人、法、喻、单、复、具），本经标题是法喻立名，其中，金刚是喻，般若波罗蜜是法。

据明代一如法师编纂之《三藏法数》，金刚，梵语跋折罗（vajra），为“七宝”之一，此宝出于金中，色如紫英，百炼不销，至坚至利，可以切玉，世所稀有，故名为宝[13]。

佛典中常用它喻法喻人，如说金刚三昧、金刚力士、金刚身、金刚网、金刚手、金刚心等，皆取它至坚至利能坏一切而不能为一切所坏的性质。般若如大火聚，四面不可触，触则丧身失命，般若智慧能破除一切烦恼执障却不为一切烦恼执障所破，般若的这种特性也正跟金刚宝相似，所以《金刚经》中就以金刚来比喻般若。

般若，梵语，译成汉语，就是智慧的意思，但是，般若珍重，智慧浅薄，如果不把智慧理解为一种特殊的智慧，那么“智慧”一词同般若的意义就不能相应。

按照《金刚经》的说明，若见诸相非相则见如来，又说实相就是非相，若有我相、法相、非法相即是着我、人、众生、寿者，等等，说明《金刚经》的宗旨是要破一切执、扫一切相的，而破执扫相的目的则是要在内外、能所、主客两个方面打破一切封着和稠蔽，使诸法之实际存在情态呈现出来。这说明般若智慧是要相应于宇宙超越真理的。

波罗蜜，又写为波罗蜜多，汉译为到彼岸。波罗蜜是般若的修饰词，它说明般若的功用。质言之，般若智慧一方面使诸法的实际情态呈现出来，同时也就使生命从一切生灭的状态下解脱出来，由生灭到不生不灭，由生死此岸到涅槃彼岸，这就证得了法身，获得绝对的解脱和自由，这就是般若智慧之功用，也就是“波罗蜜”一词的意思。

总起来看，金刚般若波罗蜜，就是用金刚智慧破执扫相，打破封着，体认实相，获得圆满自由的解脱。

为了方便读者，我们以现在较流行的金陵刻经处版作为翻译依据的底本，只是在几个小地方，我们根据江味农的文本考证，做了一点必要的变动。

注释

①朱棣《金刚经集注》，上海古籍出版社出版，九页。

②参考演培《金刚般若波罗蜜经讲记》，八页至二十页。

③智顗《金刚般若经疏》(大正三十三·七十五页)。

④无著《能断金刚般若波罗蜜多经论颂》，义净译，金陵刻经处版，八页。

⑤龙树《中论颂》，金陵刻经处版，五页。

⑥龙树《中论颂》，金陵刻经处版，三十六页。

⑦无著《能断金刚经论颂》，八页。

⑧智俨《金刚般若经略疏》，金陵刻经处版，卷下，十七页至十八页。

⑨义净《略明般若末后一颂赞述》，金陵刻经处版，一页至五页。

⑩江味农《金刚经讲义》，福建广化寺印，卷五，一七〇页至一七一页。

⑪同上注，七页。

⑫同上注，一七四页。

⑬一如《三藏法数》，无锡丁氏藏版，三二二页。

经典

原典

如是我闻[①]，一时佛在舍卫国[②]祇树给孤独园[③]，与大比丘众千二百五十人俱。尔时世尊食时，着衣持钵，入舍卫大城乞食，于其城中次第乞[④]已，还至本处，饭食讫，收衣钵，洗足已，敷座而坐。

注释

①**如是我闻**：意思是，我所听到的教化是这样的。相传佛涅槃时，弟子们问：佛灭后结集经教，一切经典如何开头？佛陀说篇首置“如是我闻”四字，以示取信，后遂成为佛经开头的固定格式。我，即诵经者佛弟子

阿难。

②**舍卫国**：古印度一王国名，在今尼泊尔的拉布提河（Rapti）左岸。释迦牟尼成佛后，在此地居住二十五年。城中至今存有给孤独长者施舍的祇园精舍遗址。

③**祇树给孤独园**：印度佛教圣地之一，在舍卫城南的花园里。相传舍卫国给孤独长者为迎请佛陀说法，同祇陀太子共建此精舍，太子献树，给孤独长者献园，所以这个精舍就叫作祇树给孤独园。据《大般若经》，此处为佛说《般若经》的主要地之一。

④**次第乞**：据朱棣《集注》引僧若讷语："不越贫从富，不舍贱从贵，大慈平等，无有选择，故曰次第。"次第乞，即按次序不分贫贱地乞食，这是说佛陀在日常修行生活中都贯穿着平等无分别的心态。

译文

我所听到的教化是这样的：当时佛与一千二百五十位大比丘，聚会在舍卫国祇树给孤独园。到了比丘们吃饭的时间，世尊穿上僧衣，拿着钵具，进入舍卫大城乞食。世尊在城里，按次序，不分贫贱地乞食，完毕后，返回祇树给孤独园，用完餐，收起衣服和钵具，洗了脚，坐下来，弟子们围绕在世尊身边。

原典

时长老须菩提[①]在大众中，即从座起，偏袒右肩，右膝着地，合掌恭敬而白佛言："希有[②]世尊！如来[③]善护念诸菩萨[④]，善付嘱诸菩萨。世尊，善男子、善女人发阿耨多罗三藐三菩提[⑤]心，应云何住[⑥]，云何降伏其心？"

佛言："善哉！善哉！须菩提，如汝所说，如来善护念诸菩萨，善付嘱诸菩萨。汝今谛听，当为汝说。善男子、善女人发阿耨多罗三藐三菩提心，应如是住，如是降伏其心。"

"唯然世尊，愿乐欲闻。"

注释

①**须菩提**：释迦牟尼佛的"十大弟子"之一，对一切存在现象无自性实体的"空"相状有极深了解，被誉为"解空第一"，所以《金刚经》此会即以他启问。又译为"空生""善吉""善现"等。

②**希有**：赞词，意为"真奇妙呀"。《大般若经》及其他各部大乘经典，常以放光动地的"神通相"作为佛说经前的序幕。此经于篇首则只叙述佛陀着衣、持钵、乞食、洗足等"寻常相"，须菩提认为佛陀在这些日常修

行生活中表达了极高深的智慧，所以用“希有”来赞美佛陀。下文的“如来善护念诸菩萨，善付嘱诸菩萨”也是这个意思。

③**如来**：佛十号之一。据《三藏法数》所引《佛说十号经》，这十号是如来、应供、正遍知、明行足、善逝、世间解、无上士、调御丈夫、天人师、佛，后也有合“世间解”“无上士”为一号，然后补上“世尊”成为十号。罗什译本《金刚经》中出现的三个佛号是如来、佛、世尊，其中，世尊表示天人凡圣举世尊重，佛表示自觉、觉他、觉行圆满，如来则表示已完全相应于一切现象的实际存在情态。

④**菩萨**：梵语“菩提萨埵”的略称，意译为“觉有情”，这个名称有两个含义：一、菩萨是觉悟了的有情生命；二、菩萨帮助有情生命觉悟。广义地说，从发心度众生到成佛之前的生命状态均可称作菩萨；狭义地说，(如本经所说) 只有突破了一切分别执着，而同时广修一切善行的众生才“真是菩萨”。

⑤**阿耨多罗三藐三菩提**：梵语，意思是“无上正等正觉”，即最高、最圆满的觉悟。

⑥**住**：安住之意。无著在解释“应云何住”时说菩萨应当生起四种心才是功德圆满，这四种心是：一、广大心；二、最胜心；三、至极心；四、无颠倒心。世亲

解释无著这些话的意思是："若菩萨作此四种利益意乐，始是发心住。"无著、世亲的这个解释似从"如何安住"的角度来解释"住"字；智俨则从"住于何处"的角度解释"住"为住于实相之理；据朱棣《集注》所引，王日休释为"谓当住于何处也"；僧若讷则释为"欲求般若，云何可以安住谛理"。王日休的解释同智俨一致，僧若讷的解释则与无著、世亲一致。详考经文大意，无著、世亲、若讷从"如何安住"角度解释"住"的说法更为可取。

译文

当时一位名叫须菩提的长者从众人中站起来，偏袒右肩，右膝着地，双手向世尊合掌顶礼，然后恭敬地对佛说："世尊，真奇妙呀！如来多么善于护念诸菩萨，多么善于把高深的佛法付嘱给诸菩萨。世尊，善男子、善女人要想生起最高、最圆满的觉悟心，应该怎样安住其心？应该怎样降伏妄心呢？"

佛陀说："好呀！须菩提，你问得太好了！正如你所说，如来善于护念诸菩萨，善于把高深的佛法付嘱给诸菩萨。你现在用心谛听，我为你们解说。善男子、善女人若要生起最高、最圆满的觉悟心，应该这样安住心意，应该这样降伏妄心。”

须菩提说：“世尊呀！我深心发愿，满心欢喜，希望听到最真实的教诲。”

原典

佛告须菩提：“诸菩萨摩诃萨，应如是降伏其心：所有一切众生之类，若卵生、若胎生、若湿生、若化生，若有色、若无色，若有想、若无想、若非有想非无想①，我皆令入无余涅槃②而灭度之，如是灭度无量无数无边众生，实无众生得灭度者。

“何以故？须菩提，若菩萨有我相、人相、众生相、寿者相③，即非菩萨。”

注释

①**卵生、胎生、湿生、化生，有色、无色，有想、无想、非有想非无想**：佛典中对三界（欲界、色界、无色界）一切众生各种生命形态的一个分类。

卵、胎、湿、化是欲界生命的四种形态：卵生就是从卵壳里出生的生命；胎生是在母胎里孕育成形的生命；湿生是指因湿因缘而生的生命；化生是指凭具所修业力带来的生命。有色指色界众生，只有色身而无情欲；无色指无色界众生，只有思维而无情欲和色身。

有想、无想、非有想非无想是对无色界生命进行的更细致的分类，其中有想指有思维活动，无想指思维活动已经凝滞，非有想非无想指思维活动虽已凝滞却又不像木石一般。佛典说，三界九种生命形态虽然表现形式千差万别，但却有一个共同的特征：它们都属于生灭轮回不得自由解脱的生命状态。

②**无余涅槃**：涅槃，梵语，中土也译为无为、圆寂、灭度等。涅槃有无余涅槃、有余涅槃之分，无余涅槃也称为“大涅槃”。

据《三藏法数》引《大涅槃经》说：“修习大涅槃法，达于如来性常之理。”又释“大涅槃”说：“大即法身，灭即解脱，度即般若，则法身、解脱、般若不一不异。”大涅槃就是以般若智慧圆满证觉了一切存在现象的实际情态，将生命从生灭、染污中完全解放出来的绝对自由状态；有余涅槃则指尚未能彻底打破业力系缚的相对自由状态。

③**我相、人相、众生相、寿者相**：相，相状；这四种相状，指一切有情生命的四种身体相状，或说四种表现形态：“我相”即与他人对立的自我相状，“人相”即与我对立的他人相状，“众生相”即各个独立的众生相状，“寿者相”指一期生命延续不变的相状。

按中观学派的见解，以上四种身体相状都是因缘而起假名成立的，与他人对立的自我、与我对立的他人、各个独立的众生以及一期生命延续不变等这些身相实体是不存在的，它们纯粹出自人类意识的虚构和执着。

对身体相状的四种执着又称人我执、有情我执或众生我执，其根本观念是对一切生命现象，不了解它是因缘而起的空无自性的假名特征，而执着于生命现象中有实体性的、主宰性的“我”的存在。

译文

佛陀告诉须菩提：“诸位大菩萨，应该这样降伏虚妄的心念：应当生起一颗无尽无边的慈悲心愿，使所有一切众生，不管是欲界中从卵壳里出生的生命、在母胎里孕育成形的生命、因湿气因缘而生的生命，还是因所修业力带来的生命，不管是色界中只有色身而无情欲的生命，还是无色界中无色身无情欲而仅有意识思维的生命，也不论是无色界中有思维活动的生命、思维活动业已停滞不动的生命，还是思维活动虽已停滞不动却又并非是木石一样的生命——所有这些生命形态，我都要度脱他们，使他们进入一切贪欲、嗔恨、愚痴等烦恼不再存留、生命已绝对自由自在的境地中。像这样度脱了无量无数无边的众生，事实上却没有一个众生是因为我而得到解脱。

“这是什么缘故呢？须菩提，假若菩萨从事度脱众生的实践中，心里有与他人不同的自我、与我不同的他人、各个不同的众生、一期生命延续不变等种种相状的分别执着的话，这就不是真正的菩萨。”

原典

“复次，须菩提，菩萨于法①应无所住行于布施。所谓不住色布施，不住声、香、味、触、法布施，须菩提，菩萨应如是布施，不住②于相。

“何以故？若菩萨不住相布施，其福德不可思量。

“须菩提，于意云何？东方虚空可思量不？”

“不也，世尊。”

“须菩提，南、西、北方四维③上下虚空，可思量不？”

“不也，世尊。”

“须菩提，菩萨无住相布施，福德亦复如是不可思量。须菩提，菩萨但应如所教住。”

注释

①法：佛典把世间、出世间的一切存在现象概名为“法”。据《成唯识论》：“法谓轨持。”轨持，轨范之意，是说凡自身具有一定的规定性（轨范），而这种规定性使得人们对它可以产生了解、有所界说（轨持）的，都叫作“法”。广义地说，一切可以被语言陈述的东西（包括语言本身）都在“法”这一概念的涵盖范围内。

《金刚经》中与“法”对立的是“非法”。“非法”不是“法”的一项单纯规定，不是不存在或无，“非法”是“法”的彻底抛弃，是一切存在现象的全盘断灭，因此，“非法”与佛典中另外一个概念“断灭空”大略相当。“断灭空”就是彻底抛弃一切存在现象，只看到一切存在现象无自性实体（不有）的一面，却不了解它因缘而起的一面（不无）。

根据《金刚经》，“非法”或“断灭空”也是对存在的一种错误理解，也必须予以放弃。

②住：住着、执着之意。据宗泐、如玘说，发心修行时有住法和不住法的差别：“住者，住着也。如行布施，不达三轮体空名为住法，心既住法不成檀波罗蜜，如入暗中则无所见；若达三轮体空，则心无所住，即成檀波

罗蜜，如人有目，在日光中见诸色相也。”

按：宗泐、如玘所谓“住着”，也就是“执着”之意。三轮，即能施人、所施物及所施之对象，按中观学派的见解，这三种东西也都是因缘而起、没有自性实体的，布施时能了解到三轮无实的道理，就能放弃一切执着，从而使布施成为真正的引导人到彼岸的道路（檀波罗蜜）。

③**四维**：四隅，指东南、西南、西北、东北四个方向。

译文

“再者，须菩提，菩萨对于一切的存在现象，都应该无所执着而修行布施。这就是说，他不应该执着于视觉可及的有形事物修行布施，不应该执着于听觉可及的声音、嗅觉可及的香气、味觉可及的味道、触觉可及的或软或滑的感受，以及意识可及的名相概念等这些外在事物修行布施。须菩提，菩萨应该这样布施，他不分别一切存在现象的相状，不对这些相状产生执着。

“为什么要这样说呢？因为如果菩萨能够不分别、不执着于一切存在现象的相状来修行布施，那么，他的福德将是不可思议、不可称量的。

"须菩提，你认为如何呢？东方的广大虚空，可以心思口议，可以称量大小吗？"

须菩提说："世尊，不能呀！"

佛陀说："须菩提，南方、西方、北方、东南、西南、西北、东北以及上、下方的广大虚空，可以心思口议，可以称量大小吗？"

须菩提说："世尊，不能呀！"

佛陀说："须菩提，菩萨不分别、不执着于一切存在现象相状的布施，其福德也同样不可思议、不可称量。须菩提，菩萨只应当如我所说的那样去安住其心。"

原典

"须菩提，于意云何？可以身相①见如来不？"

"不也，世尊。不可以身相得见如来。何以故？如来所说身相，即非身相。"

佛告须菩提："凡所有相，皆是虚妄②。若见诸相非相，即见如来。"

注释

①**身相**：指众生自己的身相。据《集注》引王日休语："此如来，乃谓真性之佛也，佛呼须菩提而问之

云：可以用三十二相见真性之佛否？”这是以佛的应化身三十二相解释这里的身相。

考古代各家之注疏，无不与王说同，但用三十二相解说此处身相，与下文明言之三十二相又成重复，近人江味农居士于是提出怀疑，认为身相应指众生之身相，他说：“《金刚经》一字一句，皆有深意，决无重复者。此身相二字，应就众生之本身言，如来二字，指众生本有之法身言。上文处处言不住相，不住者，即令人会相归性也。众生之心，称如来藏，是言众生本具法性，不过藏在人我、法我之中，佛教以不住相，即令众生自见所藏之如来，如此解释，比较亲切。”江说可取。

②**虚妄**：不真实。

译文

“须菩提，你认为如何呢？众生可以根据自己的身体相貌来认识如来吗？”

须菩提回答说：“世尊，不可以，众生不可以根据自己的身体相貌认识如来。为什么呢？因为如来所说的身体相貌，本身就不是真实存在的身体相貌了。”

佛陀告诉须菩提：“一切存在现象的相状，都是虚妄不真实的。如果能够透彻体会到一切存在现象的相状是虚妄不真实的，那就是真正认识到如来了。”

原典

须菩提白佛言：“世尊，颇有众生，得闻如是言说章句，生实信不?”

佛告须菩提：“莫作是说。如来灭后后五百岁①，有持戒修福者，于此章句能生信心，以此为实。当知是人，不于一佛、二佛、三四五佛而种善根②，已于无量千万佛所种诸善根。闻是章句，乃至一念生净信者，须菩提，如来悉知悉见，是诸众生得如是无量福德。

“何以故？是诸众生，无复我相、人相、众生相、寿者相，无法相③，亦无非法相④。

“何以故？是诸众生，若心取相，即为着我、人、众生、寿者；若取法相，即着我、人、众生、寿者。何以故？若取非法相，则着我、人、众生、寿者。

“是故不应取法，不应取非法。以是义故，如来常说：‘汝等比丘知我说法，如筏喻⑤者；法尚应舍，何况非法！’”

注释

①**后五百岁：**有三种解释，一、以“后”对如来入

灭之后讲，即指如来灭后之五百年；二、以如来灭后第一个五百年为前，第二个五百年为中，第三个五百年为后；三、说如来灭后第五个五百年，正法时代、像法时代各一千年，末法时代一万年，则“后五百岁”系指佛灭度两千年后末法时代的第一个五百年。今取第三说。

②**种善根**：种下善的种子，佛典又说为“结善缘”。

③**法相**：一切存在现象的相状，当一切存在现象进入人的认识时，人应用感觉、知觉和意识功能对之进行构造，构造而成的结果即是一切存在现象的相状。

④**非法相**：一切存在现象绝对断灭的相状。

⑤**筏喻**：佛在小乘经典中经常使用的一个比喻，大意是说，未渡河时，须用船筏，既渡之后，须舍船筏，那些渡过河后仍然不舍船筏的人，就是不了解船筏的功用了。

《金刚经》借此喻说明，说一切存在现象无自性、无实体，这是为了帮助人们对存在实态产生真正的认识，但如果执着一切存在现象无自性、无实体，乃至于连一切存在现象的任何规定性也都全盘断灭了（非法），那就不仅不能对存在产生正确的认识，相反地会走到绝对虚无主义断灭一切的邪恶道路上，所以《金刚经》接着说：“法尚应舍，何况非法？”《集注》曾引李文会说：“执有说空，因何用筏？有执既丧，空说奚存；既已渡河，那更存筏。”此说较为善巧。

译文

须菩提对佛陀说：“世尊，将来会有那么一些众生，在听了以上这些话语章句后，产生出确实无疑的信念吗？”

佛陀告诉须菩提：“你不必有这样的疑问。如来入灭以后的第五个五百年，将会有持戒修福的众生，从这些话语章句中产生真实的信念，认为这些话语章句显示了一切存在现象的真实。应当知道，这样的人已不是在一佛、二佛、三佛、四佛、五佛那里种下了善的种子，而是已经在无量无数千千万万的诸佛那里种下了许多善的种子。如果那些众生听到这些话语章句，能把它们当作最真实的教导，乃至于只在一念之间对它们产生清净的信心，须菩提，如来完全确知、完全确信这些众生将会获得无量无边的福德。

“为什么这样说呢？因为这些众生的心里不再分别自我、他人、众生、一期生命延续不变等种种身相了，他们不再分别各种存在现象的相状，也不分别否定一切存在现象的绝对空无的相状。

“这究竟是什么道理呢？假如这些众生的心里分别各

种身相，那就是执着于有与他人不同的自我、与我不同的他人、各个不同的众生、一期生命延续不变等这些虚妄的实体存在了；假如心里分别各种存在现象的相状，那就是执着于有自我、他人、众生、一期生命延续不变等这些虚妄的实体存在了；进而论之，假如这些众生的心里执着于否定一切存在现象的绝对空无，那也就是执着于有自我、他人、众生、一期生命延续不变这些虚妄的实体存在了。

“因此，不应该执着于一切存在现象，把它们看成真实的存在；也不应该执着于否定一切存在现象的绝对空无，把它们看成真实的存在。也就是根据这个道理，所以如来常常教导说：你们这些比丘们，都应当明白，我所说的‘法’正如同帮助渡江之筏。筏是帮助过江的，既渡之后，就应当舍弃它；为了破除众生对一切存在现象的执着，才说到否定一切存在现象的绝对空无，一切存在现象尚且应当舍弃，更何况断然否定一切存在现象的空无呢？”

原典

“须菩提，于意云何？如来得阿耨多罗三藐三菩提耶？如来有所说法耶？”

须菩提言：“如我解佛所说义，无有定法名阿耨多罗三藐三菩提，亦无有定法如来可说。

“何以故？如来所说法，皆不可取[①]、不可说、非法、非非法。

“所以者何？一切贤圣，皆以无为法[②]而有差别。”

注释

①**取**：取着、执着之意。功德施说：“无生者，非是法，亦非非法。法、非法分别境故，不可取。”意思是说，佛所陈说的“法”是不能用“法”（一切存在现象）和“非法”（一切存在现象的全盘否定）这些范畴来限定的，用“法”和“非法”来限定佛法，这就把佛法变成了分别心执着的境界，这是绝对错误的。

②**无为法**：世亲释“一切贤圣，皆以无为法而有差别”时说：“诸圣人并从真如清净之法所显现。”这是用“真如清净之法”解释“无为法”。《集注》又引六祖惠能语：“佛说无为法者，即是无住。”又引颜丙语：“无为者，自然觉性，无假人为。”六祖、颜丙之说都从修行人自身的“自然觉性”解释“无为法”。

近人印顺法师则以“诸法性空的实相”解说“无为法”，诸法性空的实相即指一切现象的实际存在情态，三乘根性有利有钝，故对“一切现象的实际存在情态”之体认即有浅有深。印顺法师此说可从。

译文

“须菩提，你认为如何呢？如来得到了最高、最圆满的觉悟吗？如来确实说过什么道理了吗？”

须菩提说：“根据我对佛以上所说的理解，并没有一个确定、具体的东西叫作‘最高、最圆满的觉悟’，也没有什么确定、具体的东西是如来向我们阐说的。

“为什么这样说呢？因为如来所说的‘法’，都不能被当作一样事物来执着，它本身是超越于任何语言陈说的；真正说来，它不是一切存在现象，也不是对一切存在现象的绝对否定。

“为什么这样说呢？因为一切的贤圣都把无生无灭的存在实态当作‘法’，可是因为各人对无生无灭的存在实态有着悟解上和体证上的不同，这样，他们的‘法’也就有了或浅或深的差别。”

原典

“须菩提，于意云何？若人满三千大千世界[①]七宝[②]以用布施，是人所得福德宁为多不？”

须菩提言："甚多，世尊。何以故？是福德即非福德性[3]，是故如来说福德多。"

"若复有人，于此经中受持，乃至四句偈等，为他人说，其福胜彼。

"何以故？须菩提，一切诸佛，及诸佛阿耨多罗三藐三菩提法，皆从此经出。须菩提，所谓佛法者，即非佛法。

注释

①**三千大千世界**：简称"大千世界"。佛典将宇宙划分为"小世界"、"中世界"和"大世界"。每一千小世界为一"小千世界"，每一千"小千世界"为一"中千世界"，每一千"中千世界"为一"大千世界"。因"大千世界"中含有大中小三种"千世界"，所以称作"三千大千世界"。事实上，佛典中常常讲到的"三千大千世界"系指广大无边、无穷无尽的宇宙之意。

②**七宝**：各种珍宝。《三藏法数》引《翻译名义》所载有两种说法：一说为金、银、琉璃、水晶、砗磲、玛瑙、赤真珠；另一说为珊瑚、琥珀、如意、赤色宝、能胜、绿色珠、金刚。《金刚经》中所说"七宝"即泛指世间各种珍宝之意。

③**福德性**：真正的福德，或者超越的福德。魏译本此处译为“福德聚”，唐义净则译为“福聚”，并附释说：聚，梵文塞建陀，有积聚义，有肩荷义，所以无著解释此处经文，说“福不持菩提，彼二能持故”，意思是说，七宝布施属于有为福德，虽然能积聚很多的福德（福聚），但却不像自己受持、为人解说《金刚经》这两件事那样能肩荷承担起无上菩提（非聚）。

无著的解释和义净的翻译都是巧妙利用梵语“塞建陀”的两个义项消解“福聚非聚”这句经文。但是义净也承认，梵语“塞建陀”的意义极难确定，在“积聚”“肩荷”两个义项外，它还可以进行其他的解释，而这些是汉文字“聚”根本无法传达的。

罗什译此句为“福德非福德性”，德是“得”的意思，性是“体”的意思，汉语中“性”字又有“本性”之义，这样，“福德性”是指得之于本性的内在福德，它同借布施等各种外在行为所得的福德相比是内在的，同外在福德的有造作、有染污、有生灭（有为）相比，它是清净无生灭的，是真实而不虚幻的，在这个意义上，“福德性”可译为“真正的福德”或“超越的福德”。

译文

佛陀说：“须菩提，你认为如何呢？现在假如一个人拿充满三千大千世界的各种珍宝来用于布施，这人的福德果报多不多呢？”

须菩提说：“世尊，这人的福德果报很多呀！为什么这么说呢？因为这些福德是属于世间有相的福德，而不是永恒不变，所以就不是真正的福德了，只是如来随顺世俗，就说这些福德多。”

佛陀说：“如果又有一个人，能够接受这部经，并且身体力行，随时随地为他人解说，乃至于只接受其中的一个四句偈，并为他人解说这四句偈，那么，他的福德超过了前面用珍宝布施的人。

“为什么这么说呢？须菩提，事实上，十方三世的一切诸佛，以及诸佛最高、最圆满的觉悟，都是从这部经典中产生出来的。须菩提，所谓的一落入执着、有相、有得的佛法，就意味不是真实的佛法了。

原典

“须菩提，于意云何？须陀洹[①]能作是念，我得须陀洹果不？”

须菩提言：“不也，世尊。何以故？须陀洹名为入流，而无所入，不入色、声、香、味、触、法，是名须陀洹。”

"须菩提，于意云何？斯陀含[②]能作是念，我得斯陀含果不？"

须菩提言："不也，世尊。何以故？斯陀含名一往来，而实无往来，是名斯陀含。"

"须菩提，于意云何？阿那含[③]能作是念，我得阿那含果不？"

须菩提言："不也，世尊。何以故？阿那含名为不来，而实无不来，是故名阿那含。"

"须菩提，于意云何？阿罗汉[④]能作是念，我得阿罗汉道不？"

须菩提言："不也，世尊。何以故？实无有法名阿罗汉。世尊，若阿罗汉作是念，我得阿罗汉道，即为着我、人、众生、寿者。

"世尊，佛说我得无诤[⑤]三昧，人中最为第一，是第一离欲阿罗汉。世尊，我不作是念，我是离欲阿罗汉。世尊，我若作是念——我得阿罗汉道，世尊则不说须菩提是乐阿兰那行者[⑥]，以须菩提实无所行而名须菩提是乐阿兰那行。"

注释

①须陀洹：小乘佛教四圣果之初位，指通过修证佛

教的道理，断除三界一切偏见后所达到的最初的修行果位。意译为“预流”，即初入圣者之流。

②**斯陀含**：小乘佛教四圣果之第二位，指通过修证佛教的道理，部分断除了欲界贪欲、嗔恨、愚痴等烦恼后所达到的修行果位。意译作“一来”，亦即须由天上至人间一度受生，方可入涅槃。

③**阿那含**：小乘佛教四圣果之第三位，指通过修证佛教的道理，完全断除了欲界所有贪欲、嗔恨、愚痴等烦恼后所达到的修行果位。意译为“不来”，亦即不再来欲界受生。

④**阿罗汉**：小乘佛教四圣果的最高果位，指已经完全突破自我实体执着，不再进入生死变迁的世俗生命状态之中。意译为“无生”，亦即不复受生于三界。

⑤**无诤**：指消除了对一切事物的分别、执着，无烦恼、无自他分别、无人我对立的状态。

⑥**乐阿兰那行者**：乐于在山林中寂居静修的人。

译文

“须菩提，你认为如何呢？须陀洹人能生起这样的念头：我得到须陀洹果了吗？”

须菩提说：“世尊，不可以。为什么呢？因为须陀洹的意思是‘入流’，即预入圣者之流，但却并非指进入某种东西之中，只是说不再进入视觉可及的有形事物、听觉可及的声音、嗅觉可及的香气、味觉可及的味道、触觉可及的或软或滑的感受，以及意识可及的名相概念等等外在的一切事物之中，不执着这些外在事物，能够这样才叫作须陀洹。”

佛陀说：“须菩提，你认为如何呢？斯陀含人能够生起这样的念头：我得到斯陀含果了吗？”

须菩提说：“世尊，不可以。为什么呢？因为斯陀含的意思是‘一往来’，就是还需要一往天上、一来人间，才能彻底断除烦恼悟解真理，但又不分别执着于往、来这些相状，能够这样才叫作斯陀含。”

佛陀说：“须菩提，你认为如何呢？阿那含人能够生起这样的念头：我得到阿那含果了吗？”

须菩提说：“世尊，不可以。为什么呢？因为阿那含的意思是‘不来’，就是不再来人间接受新的生命了，可是却不执着于不来这回事，能够这样才叫作阿那含。”

佛陀说：“须菩提，你认为如何呢？阿罗汉能够生起这样的念头——我得到阿罗汉果了吗？”

须菩提说：“世尊，不可以。为什么呢？如实体会到一切存在现象均非真实，不执着于一切存在现象，能够这样才叫作阿罗汉。世尊，假如阿罗汉产生这样的念头——我得到阿罗汉果了——他就执着于有自我、他人、众生、一期生命延续不变等这些虚妄的实体存在了。

“世尊，佛说我已经达到消除了一切分别执着的无烦恼状态，在人中是修行最高的，是斩断一切欲望最彻底的阿罗汉。世尊，我不会产生这样的念头，我是断除了一切欲念的阿罗汉。世尊，假如我产生这样的念头——我得到阿罗汉果了——世尊就不会说我是乐于在山林寂居静修的人了。正因为须菩提虽在山林寂居静修，却不执着于在山林寂居静修这回事，所以世尊才说须菩提乐于在山林寂居静修呀！”

原典

佛告须菩提：“于意云何？如来昔在然灯佛①所，于法有所得不？”

“不也，世尊。如来在然灯佛所，于法实无所得。”

“须菩提，于意云何？菩萨庄严佛土不？”

“不也，世尊。何以故？庄严佛土者，即非庄严，是名庄严。”

“是故须菩提，诸菩萨摩诃萨，应如是生清净心，不应住色生心，不应住声、香、味、触、法生心，应无所住而生其心。

"须菩提，譬如有人身如须弥山王②，于意云何？是身为大不？"

须菩提言："甚大，世尊。何以故？佛说非身，是名大身。"

注释

①**然灯佛**：佛典所记释迦牟尼佛以前过去古佛之一，曾预言释迦成佛者。

②**须弥山王**：须弥山，印度神话中山名。据佛典所载，此山极高极大，日月绕山而行，昼夜由此而分，四面为四天下，其上有三十三天，为众山之王，故称为须弥山王。

本句说，人身如须弥山王。据江味农释，此处应指如来的清净报身而言。如来的清净报身，是佛多劫修行、福慧庄严的结果，它清净胜妙，高大庄严，故以须弥山王为喻。

译文

佛陀告诉须菩提："你认为如何呢？如来过去世在然灯佛那里，曾经得过什么法了吗？"

须菩提说："世尊，没有呀！如来在然灯佛那里，的确没有得过法。”

佛陀说：“须菩提，你认为如何呢？菩萨果真曾广修一切善行来庄严佛土吗？”

须菩提说：“世尊，没有呀！菩萨的确不曾广修一切善行来庄严佛土。为什么呢？因为菩萨虽广修善行庄严佛土，但他并不执着于庄严佛土这回事，只不过随顺世俗假名称为庄严佛土罢了。”

佛陀说：“须菩提，正因为这个道理，所以诸大菩萨在从事一切善行时，应当这样生起清净的心念：不应当执着于视觉可及的有形事物生起从事善行的心念，不应当执着于听觉可及的声音、嗅觉可及的香气、味觉可及的味道、触觉可及的或软或滑的感受，以及意识可及的名相概念等这些外在事物生起从事善行的心念，应当没有任何执着地生起从事一切善行的心念。

“须菩提，譬如说，佛的报身像须弥山那样，你认为如何呢？这样的身体大不大？”

须菩提说：“世尊，真的很大呀！为什么呢？佛说的这个像须弥山那样大的身体仍然不是佛真正的身体，但它是无数善行福慧庄严的产物，所以随顺世俗假名称它大身。”

原典

“须菩提，如恒河[1]中所有沙数，如是沙等恒河，于意云何？是诸恒河沙宁为多不？”

须菩提言：“甚多，世尊。但诸恒河尚多无数，何况其沙。”

“须菩提，我今实言告汝，若有善男子、善女人以七宝满尔所恒河沙数三千大千世界以用布施，得福多不？”

须菩提言：“甚多，世尊。”

佛告须菩提：“若善男子、善女人于此经中，乃至受持四句偈等，为他人说，而此福德胜前福德。

注释

①**恒河**：河名，位于今印度与孟加拉国境内，又有译为殑伽河的。恒河沙数在佛典中一般喻数量不胜其多。

译文

佛陀说：“须菩提，假如恒河中所有的沙，每一粒沙又代表一条恒河，这么多的恒河多不多呢？这么多恒河中所有的沙，其沙粒数目难道不多吗？

须菩提说："世尊，仅仅说到恒河就多得不可胜数，更何况那无数条恒河中无穷无尽的沙粒数呢？"

佛陀说："须菩提，我现在实实在在地告诉你。假如有善男子、善女人拿充满如是恒河沙数个三千大千世界的各种珍宝来用于布施，他的福德多不多呢？"

须菩提说："世尊，他的福德多得很呀！"

佛陀告诉须菩提："如果有善男子、善女人能够接受这部经，并且身体力行，随时随地向别人解说，乃至于只接受其中一个四句偈，并随时随地向别人解说这个四句偈，他的福德就已经超过了前面那个人。

原典

"复次，须菩提，随说是经乃至四句偈等，当知此处，一切世间天、人、阿修罗[①]，皆应供养，如佛塔庙。何况有人尽能受持读诵。须菩提，当知是人，成就最上第一希有之法。若是经典所在之处，即为有佛，若尊重弟子。"

注释

①**天、人、阿修罗**：佛典所谓"六道众生"中，天、人、阿修罗是三善道，即三类环境较好、智识较高、能

够听闻佛法解脱生死轮回的高级生命种类。

其中，天指天界众生，人指人间众生，阿修罗是一种力量大、好争斗的众生，其居处在天界和人间之中，又说常居于海岸海底或须弥山岩窟里。与三善道相对的是三恶道，即地狱、饿鬼和畜生。

译文

“再者，须菩提，如果有人向别人讲说这部经，乃至于只讲说其中的一个四句偈，应当知道，讲经之处，一切众生，包括天、人、阿修罗等，都应供养他，就如同供养佛的塔庙一样。更何况有人能够完整地接受这部经，并且身体力行，拿它诵读修习呢！须菩提，应当知道这样的人，是成就了最高最殊胜的珍贵的‘法’。而这部经典所在之处，就有佛在那里，还有受人敬重的大弟子们也一并俱在。”

原典

尔时须菩提白佛言：“世尊，当何名此经？我等云何奉持？”

佛告须菩提：“是经名为《金刚般若波罗蜜》，以是名字，汝当奉持！所以者何？须菩提！佛说般若波罗蜜，即非般若波罗蜜，是名般若波罗蜜。

“须菩提，于意云何？如来有所说法不?”

须菩提白佛言：“世尊！如来无所说。”

“须菩提，于意云何？三千大千世界所有微尘，是为多不?”

须菩提言：“甚多，世尊。”

“须菩提，诸微尘，如来说非微尘，是名微尘；如来说世界非世界，是名世界。

“须菩提，于意云何？可以三十二相①见如来不?”

“不也，世尊，不可以三十二相得见如来。何以故？如来说三十二相，即是非相，是名三十二相。”

“须菩提，若有善男子、善女人以恒河沙等身命布施；若复有人，于此经中，乃至受持四句偈等，为他人说，其福甚多！”②

注释

①三十二相：佛有三十二种奇妙庄严的身相。据《大智度论》所说，佛身相中的这三十二种奇妙庄严之处是：足安平相，千辐轮相，手指纤长相，手足柔软相，手足缦网相，足跟广平相，足趺高满相，腨如鹿王相，垂手过膝相，马阴藏相，身纵广相等相，毛孔生青琉璃

色相，身毛右旋相，身金色相，常光一丈相，皮肤细滑相，七处隆满相，两腋下隆满相，身如狮子相，身端直相，肩圆满相，四十齿相，齿白齐密相，四牙白净相，颊车如狮子相，得上味相，广长舌相，梵音深远相，眼色绀青相，睫如牛王相，眉间白毫相，肉髻相。

江味农说，此处三十二相指佛的应化身："明得如来应云何见，则知三十二相亦由缘会而生，当下是空，有即非有也；缘会而生，非有而有也。有即非有，故曰即是非相；非有而有，故曰是名三十二相也。"

意思是说，佛的三十二种身相虽然奇妙庄严，但它本身仍是因缘而起的东西，不应对之产生执着，否则就无法体认到佛的真正样子（如来）了。这就是说，对佛为教化众生而显现的奇妙身相也应该作假名理解。

②到此为止是《金刚经》正文内容的第一部分。这部分提示无住生心，扫相破执，生起最高、最圆满觉悟心的人应该不执着我相、法相、非法相，对于一切的存在规定性均作假名理解。

译文

当时须菩提问佛陀说："世尊，应当如何称呼这部经？我们将来应当如何奉受持行呢？"

佛陀告诉须菩提说："这部经的名字叫作《金刚般若波罗蜜》，你们就应根据这一名称中的道理去奉受持行。这是什么意思呢？须菩提，佛说的到彼岸之般若法门就不是真正的到彼岸之般若法门了，只不过为了破除一切众生的各种虚妄执着才说这个到彼岸之般若法门，所以对它也不应执着，它也只是随顺世俗假名到彼岸之般若法门而已。

"须菩提，你认为如何呢？如来真的讲过什么'法'吗？"

须菩提说："世尊，如来真的未讲过什么'法'。"

佛陀说："须菩提，你认为如何呢？三千大千世界里所有的微尘，其数目难道不多吗？"

须菩提说："世尊，微尘很多呀！"

佛陀说："须菩提，这些微尘，都没有真正的实体存在，只不过随顺世俗，假名称它们为微尘罢了；如来说的这些世界，也都是因缘而起的事物，并无世界的实体，只是随顺世俗，假名称它们为世界罢了。

"须菩提，你认为如何呢？可以根据佛有三十二种奇妙庄严的身相认识如来吗？"

须菩提说："世尊，不可以根据佛有三十二种奇妙庄严的身相来认识如来。为什么呢？因为佛所说的有三十二种奇妙庄严的身相同样地并无实体存在，只是随顺世俗假名称它为奇妙庄严的身相罢了。”

佛陀说：“须菩提，假如有善男子、善女人，用与恒河中沙粒那样多的身体性命来修行布施；如果再有一个人，能够接受这部经，并且身体力行，又随时随地为他人解说，乃至于只接受其中的一个四句偈，并随时随地向他人解说这个四句偈，那么，他受持经典的福德就超过了前者。”

原典

尔时须菩提闻说是经，深解义趣，涕泪悲泣而白佛言：“希有世尊，佛说如是甚深经典，我从昔来所得慧眼，未曾得闻如是之经。世尊，若复有人得闻是经，信心清净，即生实相[①]，当知是人，成就第一希有功德。

“世尊，是实相者即是非相，是故如来说名实相。世尊，我今得闻如是经典，信解受持，不足为难。若当来世后五百岁，其有众生得闻是经，信解受持，是人即为第一希有。

“何以故？此人无我相、无人相、无众生相、无寿者相。所以者何？我相即是非相，人相、众生相、寿者相即是非相。何以故？离一切诸相，即名诸佛。”

佛告须菩提：“如是！如是！若复有人得闻是经，不惊、不怖、不畏[②]，当知是人甚为希有。何以故？须菩提，如来说第一波罗蜜[③]，即非第一波罗蜜，是名第一波罗蜜。须菩提，忍辱波罗蜜，如来说非忍辱波罗蜜，是名忍辱波罗蜜。

“何以故？须菩提，如我昔为歌利王[④]割截身体，我于尔时，无我相、无人相、无众生相、无寿者相，何以故？我于往昔节节支解时，若有我相、人相、众生相、寿者相，应生嗔恨。

“须菩提，又念过去于五百世作忍辱仙人，于尔所世无我相、无人相、无众生相、无寿者相。

“是故须菩提，菩萨应离一切相，发阿耨多罗三藐三菩提心。不应住色生心，不应住声、香、味、触、法生心，应生无所住心。若心有住，即为非住。是故佛说菩萨心，不应住色布施。须菩提，菩萨为利益一切众生故，应如是布施。

“如来说一切诸相即是非相，又说一切众生即非众生。须菩提，如来是真语者、实语者、如语者、不诳语者、不异语者。须菩提，如来所得法，此法无实无虚。

“须菩提，若菩萨心住于法而行布施，如人入闇，即无所见；若菩萨心不住法而行布施，如人有目，日光明照，见种种色。

“须菩提，当来之世，若有善男子、善女人，能于此经受持读诵，即为如来以佛智慧悉知是人、悉见是人，皆得成就无量无边功德。

注释

①**实相**：一切存在现象的实际情态，存在的真实本性。据智顗（据《辞海》）《法华文句》，实是“不虚妄”之意，实相即不虚妄的相状；实又是“实际”之意，实相即实际的相状。二解意相同，均以“实相”指一切现象的实际存在情态。

龙树说“一实相印”是大乘学说的根本，《金刚经》中即以“生实相”（使一切存在现象的实际情态显现出来）为扫相破执的归宿和目的。

又据《集注》引傅大士偈颂：“未有无心境，曾无无境心，境亡心自灭，心灭境无侵，经中称实相，语妙理能深。”这是把“心灭境亡”的无分别状态称作实相，也就是侧重从体认实相的特殊认识状态来解释“实相”，所谓“心灭境亡”也就是扫相破执、远离二边、不着空有之意。

又《集注》引颜丙语：“即生实相者，即是悟自性也。”这是以众生本具的内在心体心性说实相，颜丙之说是承袭六祖而来，当亦可备一解。

②不惊、不怖、不畏：不震惊、不恐怖、不疑畏。

③第一波罗蜜：历来有二说，一说以第一波罗蜜为大乘十波罗蜜（即十度，十种法门）中的第一个波罗蜜，即布施法门；一说以“第一”为修饰词，第一波罗蜜即“最殊胜的法门”，也就是《金刚经》中所说的“无住生心”的般若法门。详考经意，应取第二释较为妥当。

无著、世亲并曾解释为什么应该把般若法门看成最殊胜的法门，大意说，般若所体认的境界不是一般认识、一般知识的境界；般若观照所体证的“法”是一切存在现象的真实本性；般若是佛和大菩萨的独特法门，二乘和一般人不能掌握这个法门，等等。

④歌利王：古印度波罗奈国国王，被认为是无道暴虐之王。

译文

当时须菩提听了这部经，深切领会了经文中的道理，不由得喜极而泣，对佛陀说：“世尊，真奇妙呀！佛陀宣说了这么深奥的经典。我长期以来苦苦修行，得到体认一切存在现象都无实体的认识能力，但我还不曾听过这样精深的义理。世尊，如果再有人听到这部经，对它具有清净的信心，那他就能够使一切存在现象的实际情态最终显示出来，应当知道，这人将会成就最高、最殊胜的功德。

“世尊，我所说的一切现象之实际存在情态，就已经不是一切现象的实际存在情态了，所以佛随顺世俗，假名它为一切现象的实际存在情态。世尊，我现在能听到这部经典，信奉理解接受持行，并不困难。如果在将来佛灭以后第五个五百年的末法时代，有众生听到这部经，能够信奉理解接受持行，此人可就太难得了。

“为什么呢？因为这人已经没有对自我、他人、众生、一期生命延续不变等种种身相的分别、执着了。他是怎样打破这些分别、执着的呢？他领会到，所谓自我的相状其实只是因缘而起的东西，并没有自我这一独立实体的存在；所谓他人的相状、众生的相状、一期生命延续不变的相状也都是因缘而起的东西，并没有他人、众生、一期生命延续不变等这些独立实体的存在。为什么要这样说呢？因为远离了对一切存在相状的分别、执着，就能体认到一切存在现象的实际情态，这就叫作佛。”

佛陀告诉须菩提：“你的理解完全正确。如果再有人听到这部经后能够做到不震惊、不恐怖、不疑畏，这人就太难得了。为什么呢？须菩提，如来所说的破除一切分别、执着最为殊胜的般若法门，就已经不是最为殊胜的般若法门了，只是随顺世俗，假名它最为殊胜罢了；如来所说的破除一切分别、执着的忍辱法门就已经不是真正的忍辱法门了，只是随顺世俗，假名称它为忍辱法门罢了。

“为什么这样说呢？须菩提，譬如说我在过去世曾被歌利王割截身体，我在当时确确实实没有对自我、他人、众生、一期生命延续不变等种种相状起分别、执着了。为什么呢？当我被歌利王节节肢解时，如果心里有对种种身相的分别、执着，那么，我就会产生嗔恨之情。

“须菩提，再回想起来，我曾在过去的五百世里做忍辱仙人，修习忍受一切迫害、痛苦的忍辱法门，在那些世代里，也确确实实没有对自我、他人、众生、一期生命延续不变等种种身相起分别、执着了。

“所以，须菩提，菩萨应当远离对一切存在相状的分别、执着，而应生起最高、最圆满的觉悟心。菩萨不应当执着于视觉可及的有形事物而住境生心，不应当执着于听觉可及的声音、嗅觉可及的香气、味觉可及的气味、触觉可及的或软或滑的感受，以及意识可及的名相概念等外在事物而住境生心，菩萨应当无所执着地生起最高、最圆满的觉悟心。如果菩萨起心动念时有所执着，那就不是菩萨安住其心的正当方式。正因如此，佛才说菩萨的心念不应当执着于有形事物来修行布施。须菩提，菩萨为了利益广大众生，就应修习这种无所执着的布施方式。

“如来说一切的存在相状都是虚妄而不真实的，又说一切的众生生命也都是因缘而起、虚幻不实的。须菩提，如来所说的一切都是根据真实、真理而说，如来不会以谎言骗人，他所说的也不会前后矛盾。须菩提，如来成就的这个‘法’没有任何实体存在，但也不是绝对虚无。

“须菩提，如果菩萨的心念执着于一切存在现象来修行布施，就如同一个人走入黑暗里一无所见，因为他的智慧被遮蔽了；如果菩萨的心念不执着于一切存在现象来修行布施，就如同人有眼睛，阳光明照，能看到世上的缤纷色相，因为他的智慧被开发了。

“须菩提，将来的世代，如果有善男子、善女人能够接受这部经，拿它身体力行，拿它诵读修习，如来凭着佛的广大无边智慧完全确信、完全断定，这人将成就无量无边的功德。

原典

“须菩提，若有善男子、善女人，初日分以恒河沙等身布施，中日分复以恒河沙等身布施，后日分[①]亦以恒河沙等身布施，如是无量百千万亿劫[②]以身布施。若复有人，闻此经典，信心不逆，其福胜彼，何况书写、受持、读诵、为人解说！

“须菩提，以要言之，是经有不可思议、不可称量无边功德，如来为发大乘者说、为发最上乘者说。若有人能受持读诵，广为人说，如来悉知是人、悉见是人，皆得成就不可量、不可称、无有边、不可思议功德。如是人等，即为荷担如来阿耨多罗三藐三菩提。

“何以故？须菩提，若乐小法[3]者，着我见、人见、众生见、寿者见，即于此经不能听受读诵、为人解说。

“须菩提，在在处处若有此经，一切世间天、人、阿修罗所应供养。当知此处即为是塔，皆应恭敬作礼围绕，以诸华香而散其处。

注释

①此句中“初日分、中日分、后日分”，据《集注》引王日休说，初日分、中日分、后日分即早晨、中午、晚上。

②**劫**：又名“劫波”，指极长远的时间。

③**小法**：有数说，如《集注》引王日休语：“小法，外道法也。”外道法是指佛陀时代佛法以外其他各家的修行解脱理论。又引陈雄语：“小法者，小乘法也。”这是用大乘之前讲苦、集、灭、道四种真理的小乘法解释

“小法”。又引李文会语，以“六道轮回因果之法”解释“小法”,“六道轮回因果之法”即人天法，它主要包括世间的各种政教伦理学问等。以上数说均可成立。

《金刚经》说:“若取于相，则着我人众生寿者；若取法相，则着我人众生寿者；若取非法相，则着我人众生寿者。”则只要对一切存在的相状有所分别有所执着的，都应被视为“小法”，因此,“小法”统指一切并非最圆满、最究竟的真理。

译文

“须菩提，假如有善男子、善女人每天上午以相当于恒河沙数的身体性命来布施，中午以相当于恒河沙数的身体性命来布施，下午又以相当于恒河沙数的身体性命来布施，像这样百千万亿劫的久远时间里都用身体性命来布施；如果又有一个人，听到这部经后，一心相信而不违背，他的福德就胜过了前者，更何况能书写、受持、诵读并随时随地为他人解说呢？

“须菩提，概略说来，这部经有不可思议、不可称量、无边无际的功德。它本是如来为生起自度度人心念的人所说，为生起最高、最圆满觉悟心的人所说。如果有人能够受持本经、诵读本经，并向他人随时随地广为解说，如来完全确信、完全断定，这人将会绝对成就不可思议、不可称量、无边无际的功德，这样的人就一身荷担了如来的最高、最圆满的‘法’。

“为什么这样说呢？须菩提，如果一个人只乐于学习和接受那些并非最圆满真理的东西，执着于有自我、他人、众生、一期生命延续不变等种种虚妄实体的存在，那么，他对于这部经就一定不能接受、诵读乃至向他人解说了。

“须菩提，不管在什么地方，只要有这部经典存在，所有众生，包括天、人、阿修罗等，都应该供养此地，经典存放之处就是供养佛身之塔，大家应恭敬作礼围绕，用各种名花香料遍撒此处。

原典

“复次，须菩提，若善男子、善女人受持读诵此经，若为人轻贱，是人先世罪业[①]应堕恶道，以今世人轻贱故，先世罪业即为消灭，当得阿耨多罗三藐三菩提。

“须菩提，我念过去无量阿僧祇[②]劫，于然灯佛前，得值八百四千万亿那由他[③]诸佛，悉皆供养承事，无空过者。若复有人，于后末世能受持读诵此经，所得功德，于我所供养诸佛功德，百分不及一、千万亿分，乃至算数譬喻所不能及。

“须菩提，若善男子、善女人，于后末世有受持读诵此经，所得功德，我若具说者，或有人闻，心即狂乱，狐疑不信。须菩提，当知是经义不可思议，果报④亦不可思议。”⑤

注释

①**业**：众生生命的一切行为统称为“业”，包括语言、身体动作和意识状态这三部分。这些行为，一方面受着过去行为的影响，另一方面又能对将来的行为产生作用，这种行为的影响力或作用力就叫作“业力”。

②**阿僧祇**：意思是“无数”，佛典用来表示异常久远的时间单位。

③**那由他**：与“阿僧祇”相似，表示无量、无数。

④**果报**：这里指根据佛法修行所得的结果。据龙树《中论颂》说：“汝谓我着空，而为我生过，汝今所说过，于空则无有。以有空义故，一切法得成，若无空义者，一切则不成。……若汝见诸法，决定有性者，即为见诸法，无因亦无缘，即为破因果，作作者作法，亦复坏一切，万物之生灭。”

这是说，正因为一切法（一切存在现象）是因缘生起、空无自性的，所以一切法之间才有因果缘生的相互作用，形成普遍联系变化发展的世界人生；相反，如果一切法都有独立的自性实体，那么，各种存在现象间就不可能有相互作用，也就不可能有从因到果的推移和转化。这说明中观学派讲自性空，并不是要用“空”去破斥一切因果作用，相反正因为诸法性空，所以才有因果转化，有善恶报应。

《金刚经》所谓“发阿耨多罗三藐三菩提心者于法不说断灭相”和龙树上述偈颂的意思也完全一致。因此，经文这里所说的“果报”不仅不和经义相违背，相反说明《金刚经》的“无住生心”“扫相破执”乃是对有无两边的彻底舍弃。

⑤到此为止是《金刚经》正文内容的第二部分。这一部分劈面揭举“生实相”的经义宗旨，然后广泛推阐这一经义宗旨，说明只有对一切法均作假名理解，有无二边皆不住着，这样才能使般若智慧现起，从而使一切存在现象的实际情态得以昭示。

译文

“再者，须菩提，假如善男子、善女人领受、奉持、诵读本经，却反而遭到别人轻贱戏弄，应当知道，此人在过去世所作的恶业，本应使他堕入地狱、饿鬼、畜生等各种恶道生命形式中，只因他现在一心受持这部经，才只遭到受人轻贱戏弄的惩罚，并且过去世所作的恶业也会因此消失掉，将来还能得到最高、最圆满的觉悟。

“须菩提，回想起来，在过去世无量无尽的长远时代，我曾在然灯佛那里遇到无量无数的佛，我都曾尽心尽力地供养，绝不曾浪费每一次难得的际遇；如果再有人，在我入灭以后的末法时代，能够信受奉持诵读这部经，他所获功德同我供养诸佛的功德相比，我的功德还不及他的百分之一、千分之一、万分之一、亿万分之一，乃至于根本就无法用数字来谈这个问题。

“须菩提，善男子、善女人在我入灭后的末法时代，有能信受奉持诵读本经的，他获致的功德，假如我一一细说的话，也许有人听见以后根本无法理解，怀疑不信。

“须菩提，应当知道，本经所说的道理是不可心思口议的，修习本经的功德果报也同样不可心思口议呀！”

原典

尔时须菩提白佛言：“世尊，善男子、善女人发阿耨多罗三藐三菩提心，云何应住，云何降伏其心？”

佛告须菩提：“善男子、善女人发阿耨多罗三藐三菩提心者，当生如是心：我应灭度一切众生，灭度一切众生已，而无有一众生实灭度者。

“何以故？须菩提，若菩萨有我相、人相、众生相、寿者相，即非菩萨。所以者何？

“须菩提，实无有法发阿耨多罗三藐三菩提心者[①]。须菩提，于意云何？如来于然灯佛所，有法得阿耨多罗三藐三菩提不？”

“不也，世尊。如我解佛所说义，佛于然灯佛所，无有法得阿耨多罗三藐三菩提。”

佛言：“如是！如是！须菩提，实无有法如来得阿耨多罗三藐三菩提。须菩提，若有法如来得阿耨多罗三藐三菩提者，然灯佛即不与我授记：汝于来世当得作佛，号释迦牟尼[②]。以实无有法得阿耨多罗三藐三菩提，是故然灯佛与我授记，作是言：汝于来世当得作佛，号释迦牟尼。

“何以故？如来者，即诸法如义。若有人言，如来得阿耨多罗三藐三菩提，须菩提，实无有法佛得阿耨多罗三藐三菩提。

“须菩提，如来所得阿耨多罗三藐三菩提，于是中无实无虚。是故如来说一切法皆是佛法。须菩提，所言一切法者，即非一切法，是故名一切法。须菩提，譬如人身长大[③]……”

须菩提言："世尊，如来说人身长大，即为非大身，是名大身。"

"须菩提，菩萨亦如是，若作是言，我当灭度无量众生，即不名菩萨。何以故？须菩提，实无有法名为菩萨。是故佛说，一切法无我、无人、无众生、无寿者。

"须菩提，若菩萨作是言，我当庄严佛土，是不名菩萨。何以故？如来说庄严佛土者，即非庄严，是名庄严。

"须菩提，若菩萨通达无我法者，如来说名真是菩萨。

注释

①实无有法发阿耨多罗三藐三菩提心者：生起最高、最圆满的觉悟心时，实在没有生起心的念头。

按，在罗什译为"实无有法发阿耨多罗三藐三菩提心者"的地方，魏译本则说为"实无有法名为菩萨发阿耨多罗三藐三菩提心者"，唐义净的译文是"实无有法可名发趣菩萨乘者"。比较三家译文，魏译和唐译在句式上完全一样，即将"实无有法"同后文分割开，"实无有法"成为全句的主语；而罗什的译文中前后两部分一气联贯，"实无有法"是"发阿耨多罗三藐三菩提心"的修饰语。

细考《金刚经》前后两大部分（以须菩提的两次提问作为标志）文义上的血脉贯通，应该说，罗什的此句译文比其他两家更能揭示经义前后的内在联系和递进关系。

《金刚经》古代的各大注疏家，如无著、世亲、智者、智俨等都注意到了经义上的这一联系。智俨即曾明确提示，经文从须菩提的第二次提问开始，说的是行门，即修行人根据《金刚经》“无住生心”理念发起修行的功夫。但是，智俨和其他各大注家一样，都没有抓住“实无有法发阿耨多罗三藐三菩提心”这句关键性的话，致使他们在探讨文义血脉时，或语焉不详，或缺乏充分的说服力。

在古代各家的解释中，似乎只有王日休注意到了这句话，《集注》曾引王日休语如下：“须菩提于此再问者，其非为续来听者问乎？佛再言之，惟增实无有法发阿耨多罗三藐三菩提心者一句。且上既言发阿耨多罗三藐三菩提心者当生如是心，则是法矣，若无法，焉能得见真性而成佛乎？然此所言实无有法发阿耨多罗三藐三菩提心何也？佛恐弟子误认所谓当生如是心者为真实，故此又说破以为非实也。”

近人江味农比较深入地探索了这句话的语义结构，他注意到，这句话可以有两种断句方式：

（一）实无有法，发阿耨多罗三藐三菩提者——意谓发正觉者，实无有法。故必实无有法，乃名发无上正等觉者。

（二）实无，有法发阿耨多罗三藐三菩提者——意谓有法发无上正等觉，实无如此事理。

江氏据此做出结论：“发菩提者，当发而不自以为发，如是无发而发，乃为真发。”这一结论与王日休所说基本一致。

江氏未能注意到这句话还可以有第三种断句方式，即一气到底断句，按照这第三种分析法，“实无有法”成为“发阿耨多罗三藐三菩提心者”的修饰语，全句强调的不再是“实无有法”，而是发菩提心时的真实心理状态，“法”字作“心”、“心念”或“念头”解。当然，江氏根据他所使用的柳公权写本《金刚经》，删掉了此句话中的“心”字，这也许是他未能注意到此句特殊内涵在于“发菩提心时的真正状态”这样一个事实。

罗什在此巧妙地运用了古代汉语的特殊表达结构，用符合古代汉语句式结构的语体文来翻译这句话是不可能的。所以，我们根据语体文的表达惯例，将这句话勉强译成：生起最高、最圆满的觉悟心时，实在没有生起心的念头。

下文的“有法得阿耨多罗三藐三菩提”也可准此

例释。

②**释迦牟尼**:“释迦”是佛的姓,“牟尼”是佛的名字。“牟尼”的汉语意思有“能仁”(能仁爱万物)、“寂默”(清净无为),因此有人即根据“牟尼”这两项含义解释然灯佛的授记命意在于“不住涅槃(能仁),不住生死(寂默)”,这也就符合了《金刚经》远离有、无二边的经义内容。此可备一说。

③**人身长大**:指如来之报身而言。

译文

当时须菩提禀告佛陀:“世尊,善男子、善女人要生起最高、最圆满的觉悟心,究竟应该怎样安住其心?究竟应该怎样降伏妄心呢?”

佛陀告诉须菩提:“善男子、善女人要想生起最高、最圆满的觉悟心,应当像这样生起心念:我要度脱一切的众生,使其进入圆满的自由境地,虽度脱了一切众生,却未感觉到有一个众生得到度脱。

“为什么这么说呢?须菩提,如果菩萨有自我、他人、众生、一期生命延续不变等种种身相的分别执着,那就不是菩萨了。这是什么缘故呢?

“须菩提,生起最高、最圆满的觉悟心时,实在没有

《中国佛学经典宝藏》目录

编号	书名	编号	书名	编号	书名
1	中阿含经	45	维摩诘经	89	法句经
2	长阿含经	46	药师经	90	本生经的起源及其开展
3	增一阿含经	47	佛堂讲话	91	人间巧喻
4	杂阿含经	48	信愿念佛	92	大乘本生心地观经
5	金刚经	49	精进佛七开示录	93	南海寄归内法传
6	般若心经	50	往生有分	94	入唐求法巡礼记
7	大智度论	51	法华经	95	大唐西域记
8	大乘玄论	52	金光明经	96	比丘尼传
9	十二门论	53	天台四教仪	97	弘明集
10	中论	54	金刚錍	98	出三藏记集
11	百论	55	教观纲宗	99	牟子理惑论
12	肇论	56	摩诃止观	100	佛国记
13	辩中边论	57	法华思想	101	宋高僧传
14	空的哲理	58	华严经	102	唐高僧传
15	金刚经讲话	59	圆觉经	103	梁高僧传
16	人天眼目	60	华严五教章	104	异部宗轮论
17	大慧普觉禅师语录	61	华严金师子章	105	广弘明集
18	六祖坛经	62	华严原人论	106	辅教编
19	天童正觉禅师语录	63	华严学	107	释迦牟尼佛传
20	正法眼藏	64	华严经讲话	108	中国佛教名山胜地寺志
21	永嘉证道歌・信心铭	65	解深密经	109	敕修百丈清规
22	祖堂集	66	楞伽经	110	洛阳伽蓝记
23	神会语录	67	胜鬘经	111	佛教新出碑志集萃
24	指月录	68	十地经论	112	佛教文学对中国小说的影响
25	从容录	69	大乘起信论	113	佛遗教三经
26	禅宗无门关	70	成唯识论	114	大般涅槃经
27	景德传灯录	71	唯识四论	115	地藏本愿经外二部
28	碧岩录	72	佛性论	116	安般守意经
29	缁门警训	73	瑜伽师地论	117	那先比丘经
30	禅林宝训	74	摄大乘论	118	大毗婆沙论
31	禅林象器笺	75	唯识史观及其哲学	119	大乘大义章
32	禅门师资承袭图	76	唯识三颂讲记	120	因明入正理论
33	禅源诸诠集都序	77	大日经	121	宗镜录
34	临济录	78	楞严经	122	法苑珠林
35	来果禅师语录	79	金刚顶经	123	经律异相
36	中国佛学特质在禅	80	大佛顶首楞严经	124	解脱道论
37	星云禅话	81	成实论	125	杂阿毗昙心论
38	禅话与净话	82	俱舍要义	126	弘一大师文集选要
39	释禅波罗蜜次第法门	83	佛说梵网经	127	《沧海文集》选集
40	般舟三昧经	84	四分律	128	《劝发菩提心文》讲话
41	净土三经	85	戒律学纲要	129	佛经概说
42	佛说弥勒上生下生经	86	优婆塞戒经	130	佛教的女性观
43	安乐集	87	六度集经	131	涅槃思想研究
44	万善同归集	88	百喻经	132	佛学与科学论文集

生起心的念头。须菩提，你认为如何呢？如来在然灯佛那里得到最高、最圆满的觉悟时，有得到觉悟的念头吗？”

须菩提说：“世尊，没有呀！据我体会佛说的真实义旨，佛陀在然灯佛那里时，并没有一个得到最高、最圆满的觉悟心的念头。”

佛陀说：“是这样，是这样，须菩提，如来得到最高、最圆满的觉悟时，实在没有得到觉悟的念头。须菩提，如来得到最高、最圆满的觉悟时，如果有得到觉悟的念头，然灯佛就不会为我授记说：你在将来世代将会成佛，佛号为释迦牟尼。正因为我在得到最高、最圆满的觉悟时，实在没有得到觉悟的念头，然灯佛才给我授记说：你在将来世代将会成佛，佛号为释迦牟尼。

“这究竟是什么道理呢？因为‘如来’的意思就是亲证了一切现象的实际存在情态，就是对一切存在现象都如它本来所示的样子，没有任何分别与执着。现在假如有人说：如来得到最高、最圆满的觉悟，须菩提，这个说法是错误的，如来得到最高、最圆满的觉悟时，确实不存有得到觉悟的念头。

“须菩提，如来所得的这个最高、最圆满的觉悟，这不是一个可以执着的东西，但也不是一无所有。正是根据这些道理，所以如来说，一切的存在现象都是佛法。

须菩提，我所说的一切存在现象，它们本身就不是真实的存在，只不过随顺世俗，假名它们是一切存在现象罢了！须菩提，譬如说身相广大的报身吧……”

须菩提接口说：“世尊，如来所说的这个福德庄严身相广大的报身就不是真实的身体，只不过随顺世俗假名，称它为身相广大的报身罢了！”

佛陀说：“须菩提，菩萨也是这样，如果一个菩萨这样说：我应当度脱无量的众生。这就不可叫他菩萨了。为什么这么说呢？须菩提，如实破除了对一切存在现象的分别、执着，这才叫作菩萨。因此佛陀说宇宙间的一切存在现象上都没有自我、他人、众生、一期生命延续不变等这些实体的存在。

“须菩提，如果一个菩萨这样宣称：我应当用种种功德去庄严佛土。这就不可叫他菩萨了。为什么这么说呢？如来说对用种种功德庄严佛土这回事也不应当分别执着，应该看到它也是因缘而起的假名，也是非真实的。

“须菩提，如果一个菩萨真正透彻地领会了一切众生生命中都没有主宰性的我体、一切存在现象中都没有自性实体这个道理，如来说他就是真正的菩萨了。”

原典

“须菩提，于意云何？如来有肉眼不？”

“如是，世尊，如来有肉眼。”

“须菩提，于意云何？如来有天眼[①]不？”

“如是，世尊，如来有天眼。”

“须菩提，于意云何？如来有慧眼[②]不？”

“如是，世尊，如来有慧眼。”

“须菩提，于意云何？如来有法眼[③]不？”

“如是，世尊，如来有法眼。”

“须菩提，于意云何？如来有佛眼[④]不？”

“如是，世尊，如来有佛眼。”

“须菩提，于意云何？如恒河中所有沙，佛说是沙不？”

“如是，世尊，如来说是沙。”

“须菩提，于意云何？如一恒河中所有沙，有如是沙等恒河，是诸恒河所有沙数，佛世界如是，宁为多不？”

“甚多，世尊。”

佛告须菩提：“尔所国土中，所有众生若干种心，如来悉知。何以故？如来说诸心皆为非心，是名为心。所以者何？须菩提，过去心不可得，现在心不可得，未来心不可得。

注释

①**天眼**：佛典认为“天眼”是比肉眼更有力量的视

觉能力。

②**慧眼**：体认一切存在现象虚幻不实的认识能力，这种认识能力特别着眼于体认一切存在现象“不有”的方面。

③**法眼**：认识一切存在现象自身特点的认识能力，这种认识能力不仅能体认一切存在现象“不有”的方面，且能透过“不有”进一步认识一切存在现象的自身特点或特殊规定性（“不无”）。

④**佛眼**：佛的认识能力。

译文

“须菩提，你认为如何呢？如来有观看有形事物的肉眼吗？”

须菩提说：“世尊，如来有肉眼。”

佛陀说：“须菩提，你认为如何呢？如来有比肉眼更完美的视觉能力吗？”

须菩提说：“世尊，如来有比肉眼更完美的视觉能力。”

佛陀说：“须菩提，你认为如何呢？如来有体认一切存在现象虚幻不实的认识能力吗？”

须菩提说：“世尊，如来有体认一切存在现象虚幻不实的认识能力。”

佛陀说：“须菩提，你认为如何呢？如来有认识一切存在现象自身特点的能力吗？”

须菩提说：“世尊，如来有认识一切存在现象自身特点的能力。”

佛陀说：“须菩提，你认为如何呢？如来有圆满具足以上各种认识能力的更广大、更完美的认识能力吗？”

须菩提说：“世尊，如来有圆满具足以上各种认识能力的更广大、更完美的认识能力。”

佛陀说：“须菩提，你认为如何呢？譬如恒河中所有的沙粒，佛说它们是沙粒吗？”

须菩提说：“世尊，如来说它们是沙粒。”

佛陀说：“须菩提，你认为如何呢？譬如一条恒河中所有的沙粒，现在有与这些沙粒数目相等的恒河，这么多条恒河中所有的沙粒数；一个佛所教化的国土世界有如此之多，其数目不是很大吗？”

须菩提说：“世尊，一佛教化的国土世界，数目真是十分广大呀！”

佛陀告诉须菩提：“如此众多的国土世界里所有众生的种种心理欲念，如来完全了解、完全确知。为什么呢？如来说种种心理欲念都没有真实的存在，只是假名称它们种种心理欲念而已。为什么这样说呢？须菩提，过去的心既然过去了，如何能找到它的真实存在呢？现在的心时刻不停地变动流逝着，如何能找到它的真实存在呢？未来的心既然还没有产生出来，又如何能找到它的真实存在呢？

原典

“须菩提，于意云何？若有人满三千大千世界七宝以用布施，是人以是因缘，得福多不？”

“如是世尊，此人以是因缘，得福甚多。”

“须菩提，若福德有实，如来不说得福德多，以福德无故，如来说得福德多。

译文

“须菩提，你认为如何呢？假若有人拿充满三千大千世界的各种珍宝来用于布施，因为这个缘故，这人所获的福德多不多呢？”

须菩提说：“世尊，由于广修布施，这人所获的福德确实很多。”

佛陀说：“须菩提，假如说这些福德是实有的话，就是相对者、有限者，如来就不会说他得了很多福德了；正因为这种布施所获得的福德不具有绝对真实的价值，所以如来才说这人的福德很多。

原典

“须菩提，于意云何？佛可以具足色身[1]见不？”

“不也，世尊，如来不应以具足色身见。何以故？如来说具足色身，即非具足色身，是名具足色身。”

“须菩提，于意云何？如来可以具足诸相见不？”

“不也，世尊，如来不应以具足诸相见。何以故？如来说诸相具足，即非具足，是名诸相具足。”

注释

①**具足色身**：圆满的色身。这里的“色身”和下文的“诸相”，自古《金刚经》的注疏家大多以佛之应化身说，唯清初达天法师（《新眼疏》）以佛之清净报身释，江味农同意达天的说法，并补充了这样说的理由：“盖经中既于色身诸相，皆曰具足，具足者，圆满之意，其指功行圆满、万德庄严之报身言，确凿无疑。因丈六金身三十二相等之应化身，与功行具足、庄严具足之义不合也。”达天、江氏此说可从。

译文

“须菩提，你认为如何呢？可以凭借圆满的色身印证佛的存在吗？”

须菩提说：“不可以，世尊，如来是不能凭借圆满的色身证觉到的。为什么呢？如来说圆满的色身并不是佛本来的身体，只是随顺世俗，假名称它为圆满的色身而已。”

佛陀说：“须菩提，你认为如何呢？可以凭借圆满的相貌证觉佛的存在吗？”

须菩提说：“不可以，世尊，如来是不能凭借圆满的相貌证觉到的。为什么呢？如来说圆满的相貌并不是佛本来的身体相貌，只是随顺世俗，假名称它为圆满的相貌而已。”

原典

“须菩提，汝勿谓如来作是念，我当有所说法，莫作是念。何以故？若人言如来有所说法，即为谤佛，不能解我所说故。须菩提，说法者，无法可说，是名说法。”

尔时慧命须菩提白佛言：“世尊，颇有众生，于未来世闻说是法生信心不？”

佛言："须菩提，彼非众生，非不众生。何以故？须菩提，众生众生者，如来说非众生，是名众生。"①

注释

①到此为止，为《金刚经》正文内容上的第三部分，这部分侧重从修行者的角度说明，只有在起心动念处透切地体会"无住生心"的经义宗旨，才叫作真正的"发菩提心"。在这部分的末尾，《金刚经》对什么是"最高、最圆满的觉悟"做了说明。

译文

佛陀说："须菩提，你不要以为如来有这样的想法：我应当对'法'有所陈说。不要这样想。为什么呢？假如有人说如来有陈说'法'的念头，那就是诽谤佛，就是不能理解我所说的一切了。须菩提，真正说来，陈说'法'的人，并没有想到有个'法'要去陈说，并没有想到要去陈说一个'法'，这才是真正的陈说'法'呀！"

当时智慧的须菩提对佛陀说："世尊，在将来的世代，肯定会有一些众生在听到这个精奥无比的'法'后产生信心吗？"

佛陀说："须菩提，他们不是众生，也并非不是众生。这是什么意思呢？须菩提，应当知道，所谓众生，如来说他们并非真实的存在，他们也不过是假名众生而已！"

原典

须菩提白佛言："世尊，佛得阿耨多罗三藐三菩提，为无所得耶？"

佛言："如是！如是！须菩提，我于阿耨多罗三藐三菩提，乃至无有少法可得，是名阿耨多罗三藐三菩提。"

译文

须菩提对佛陀说："世尊，佛得到最高、最圆满的觉悟就是一无所得吗？

佛陀说："须菩提，正是这样！我对于最高、最圆满的觉悟以及其他一切事物均无所得，乃至于内心没有一点儿东西是可以得到的，这才叫作最高、最圆满的觉悟。"

原典

"复次，须菩提，是法平等，无有高下，是名阿耨多罗三藐三菩提。以无我、无人、无众生、无寿者修一切善法，即得阿耨多罗三藐三菩提。须菩提，所言善法者，如来说即非善法，是名善法。”

译文

“再者，须菩提，这个最高、最圆满的觉悟乃是绝对平等、没有任何高下之分的，不再对任何存在现象进行分别执着了，这才叫作最高、最圆满的觉悟。用舍弃自我、他人、众生、一期生命延续不变等种种虚妄的四相来修习一切善的行为，这就能得到最高、最圆满的觉悟了。须菩提，所谓善的行为也是因缘而起的假象，也必须把它作为假名看待。”

原典

“须菩提，若三千大千世界中所有诸须弥山王，如是等七宝聚，有人持用布施；若人以此般若波罗蜜经，乃至四句偈等，受持读诵、为他人说，于前功德，百分不及一、百千万亿分，乃至算数譬喻所不能及。”

译文

“须菩提，假若三千大千世界中所有的须弥山都由各种珍宝积聚而成，假如有人就拿这些珍宝用于布施；如果再有人能够信受奉持、诵读这部经，并随时随地为他人解说，乃至于只接受其中的一个四句偈，并随时随地向他人解说这个四句偈，此种功德较前相比，前者还不及后者的百分之一、百千万亿分之一，乃至于根本不能用数字来谈这个问题。”

原典

“须菩提，于意云何？汝等勿谓如来作是念：我当度众生。须菩提，莫作是念。何以故？实无有众生如来度者；若有众生如来度者，如来即有我、人、众生、寿者。

“须菩提，如来说有我者，即非有我，而凡夫之人以为有我。须菩提，凡夫者，如来说即非凡夫，是名凡夫。”

译文

“须菩提，你认为如何呢？你们不要以为如来有这样的想法：我应当度脱众生。须菩提，不要产生这个错误念头。为什么要这样说呢？因为确确实实没有众生是如来度脱的，假若有众生是如来所度脱的，如来就有对自我、他人、众生、一期生命延续不变等种种实体的虚妄执着了。

“须菩提，如来说到‘我’，这不是指有实体存在的我，可是凡夫们就认为这个‘我’是真正实在的了。须菩提，如来所说的凡夫，不是指凡夫有真实的存在，只不过随顺世俗，假名称为凡夫罢了。”

原典

“须菩提，于意云何？可以三十二相观[①]如来不？”

须菩提言：“如是！如是！以三十二相观如来。”

佛言：“须菩提，若以三十二相观如来者，转轮圣王[②]即是如来。”

须菩提白佛言：“世尊，如我解佛所说义，不应以三十二相观如来。”

尔时世尊而说偈言：

若以色见我，以音声求我；
是人行邪道，不能见如来。

注释

①**观**：观想。

②**转轮圣王**：据印度神话，转轮圣王统辖一四天下，

为一四天下之王，主察人间善恶。由于他福业甚多，所以他的色身上也有三十二种奇妙庄严之处。

译文

“须菩提，你认为如何呢？可以根据佛有三十二种奇妙庄严的身相观想如来吗？”

须菩提说：“是呀，可以根据佛有三十二种奇妙庄严的身相来观想如来。”

佛陀说：“须菩提，假若可以根据佛有三十二种奇妙庄严的身相观想如来的话，须知统治四天下的转轮圣王身相上也有三十二种奇妙庄严之处，那么转轮圣王也就应该是如来了。”

须菩提对佛陀说：“世尊，根据我对佛说的体会，是不应该根据佛有三十二种奇妙庄严的身相来观想如来的。”

当时世尊就说了下面这个偈语：

如果凭借色相观想我，
或者根据音声探求我；
此人走在错误的道路上，
不能体证真正的如来。

原典

“须菩提，汝若作是念：如来不以具足相故，得阿耨多罗三藐三菩提。须菩提，莫作是念：如来不以具足相故，得阿耨多罗三藐三菩提。须菩提，汝若作是念，发阿耨多罗三藐三菩提心者，说诸法断灭。莫作是念，何以故？发阿耨多罗三藐三菩提心者，于法不说断灭相。”

译文

“须菩提，你也不应该产生这样的念头：如来无须以圆满的身相去证得最高、最圆满的觉悟。如果你产生这样的想法，那么生起最高、最圆满的觉悟心的人，就是在说完全舍弃一切存在现象了。须菩提，不要有这种错误的念头，为什么呢？因为生起最高、最圆满觉悟心的人，对于一切存在现象绝不把它们仅仅看成虚无而全盘舍弃掉。”

原典

“须菩提，若菩萨以满恒河沙等世界七宝持用布施；

若复有人，知一切法无我，得成于忍，此菩萨胜前菩萨所得功德。何以故？须菩提，以诸菩萨不受福德故。”

须菩提白佛言：“世尊，云何菩萨不受福德？”

“须菩提，菩萨所作福德，不应贪着，是故说不受福德。”

译文

“须菩提，假若一个菩萨拿充满与恒河沙粒数目相等的无量无数世界的各种珍宝用于布施；如果又有一个人，领悟了一切存在现象都没有自性实体这个道理，并对它加以修证，深深印持于心里，这个菩萨的功德超过了前面那个菩萨。为什么呢？须菩提，因为这个菩萨能够不领受他的功德。”

须菩提问佛陀：“世尊，菩萨怎样才能不领受福德呢？”

佛陀说：“菩萨对于所作的一切福德都不应该贪求、执着，这就是菩萨的不领受福德了。”

原典

“须菩提，若有人言：如来若来、若去、若坐、若卧；是人不解我所说义。何以故？如来者，无所从来，亦无所去，故名如来。”

译文

“须菩提，如果有人说：如来有时来、有时去、有时坐、有时卧；说这话的人就是不理解我所说的一切了。为什么这么说呢？因为‘如来’的意思就是没有对‘来’的分别、执着，也没有对‘去’的分别、执着，这才叫作如来呀。”

原典

“须菩提，若善男子、善女人，以三千大千世界碎为微尘，于意云何？是微尘众宁为多不？”

须菩提言：“甚多，世尊。何以故？若是微尘众实有者，佛即不说是微尘众，所以者何？佛说微尘众，即非微尘众，是名微尘众。

“世尊，如来所说三千大千世界，即非世界，是名世界。何以故？若世界实有者，即是一合相①，如来说一合相，即非一合相，是名一合相。”

“须菩提，一合相者，即是不可说，但凡夫之人，贪着其事。”

注释

①一合相：有两种解释，一种以《集注》所引王日休说为代表，王说为："佛唯曾说真性为一合相，故须菩提于此以为实有，佛乃又呼须菩提而言，一合相者则是不可说，以真性不可言说，但强名为一合相耳。"王说是以"真性"释"一合相"。

另一种说法以六祖为典型，据《集注》所引六祖语："一合相者，眼见色爱色，即与色合；耳闻声爱声，即与声合。至于六尘若散，即是真世界，合即是凡夫，散即非凡夫，凡夫之人，于一切法皆合相，若菩萨，于一切法皆不合而散。"细味六祖此语，所谓"一合相"即指一般人对于外界一切六尘执着、取着的状态，合，即取着之意。六祖此说虽未能给"一合相"下一个明确的界说，但他指明"一合相"的虚妄不实，这是他比王说优越的地方。

考唐义净之译本，这段话译为："若世界实有，如来则有聚执。佛说聚执者，说为非聚执，是故说为聚执。"义净这是把"一合相"译成了"聚执"，他的这一译法，既说明世界是一个积聚而成的整体（聚），又说明这一整体空无自性，不应对之产生执着（执）。义净的译法证明将“一合相”理解为“真性”的诠释是完全错误的，准此，我们将“一合相”译为“统一整体”。

译文

“须菩提，假如善男子、善女人把三千大千世界粉碎成为微尘，你认为如何呢？这些微尘数目难道不多吗？”

须菩提回答说：“世尊，微尘数目的确很多呀。为什么这样说呢？如果这些微尘的确有其实体存在，佛就不会说这些微尘数目众多了。为什么呢？佛说微尘众多，就是说没有微尘的实体，所以随顺世俗，假名微尘罢了。

“世尊，如来所说的三千大千世界，也就没有世界的实体，只是随顺世俗假名世界罢了。为什么这样说呢？假若有人说世界是一个有实体的存在，其实他所指的就是众多微尘积聚以后的一个统一整体。如来说这种积聚而成的统一整体就不是一个实体存在，只是随顺世俗，假名称它为一个统一整体罢了。”

佛陀说：“须菩提，所谓积聚而成的统一整体，它的真正存在情态是不可用语言来描述的，但是一般人总是贪求、执着这个统一整体，把世界看成实体存在。”

原典

“须菩提，若人言，佛说我见、人见、众生见、寿者见，须菩提，于意云何？是人解我所说义不？”

“不也，世尊，是人不解如来所说义。何以故？世尊说我见、人见、众生见、寿者见，即非我见、人见、众生见、寿者见，是名我见、人见、众生见、寿者见。”

“须菩提，发阿耨多罗三藐三菩提心者，于一切法，应如是知、如是见、如是信解，不生法相。须菩提，所言法相者，如来说即非法相，是名法相。”

译文

“须菩提，如果有人说：佛说有认为自我存在的偏见、认为他人存在的偏见、认为众生存在的偏见、认为一期生命延续不变的偏见，须菩提，你认为如何呢？这人理解了我所说的一切吗？”

须菩提说：“世尊，此人并不理解佛所说的真正旨趣。为什么呢？世尊凡说及对自我的偏见、对他人的偏见、对众生的偏见、对一期生命延续不变的偏见，就不是说真有这些偏见存在，而只是说这些偏见来源于对各种身相的分别、执着而已。”

“须菩提，生起最高、最圆满觉悟心的人对于宇宙里的一切存在现象都应当这样去认识、这样去看待、这样去理解，对一切存在相状都不妄加分别、执着。须菩提，所谓各种存在相状，其自身并不真实，只是随顺世俗，假名称为存在相状罢了。”

原典

“须菩提，若有人以满无量阿僧祇世界七宝，持用布施，若有善男子、善女人发菩提心者，持于此经，乃至四句偈等，受持读诵、为人演说，其福胜彼。云何为人演说？不取于相，如如不动。何以故？

一切有为法，如梦幻泡影，
如露亦如电，应作如是观。”①

佛说是经已，长老须菩提及诸比丘、比丘尼、优婆塞、优婆夷，一切世间天、人、阿修罗，闻佛所说，皆大欢喜，信受奉行。

注释

①到此为止，是《金刚经》正文内容上的第四部分。这部分说明，根据“无住生心”的金刚智慧发起修行，

最终就能证会法身（如来），达到圆满的自由。这部分还对“如来”的特征做了一些说明。

译文

“须菩提，假如有人拿充满无量无数世界的各种珍宝用于布施，如果又有善男子、善女人，生起最高、最圆满的觉悟心，能够接受这部经，并且身体力行，拿它诵读修习，并随时随地为他人解说，乃至于只接受其中的一个四句偈，并随时随地向别人解说这个四句偈，他的福德就远远超过了前者。那么究竟怎样对别人解说经文大旨呢？不要对一切存在相状有所分别，有所执着，应相称于一切存在现象的实际情态，没有变化和生灭。为什么这样说呢？

一切有变化生灭的存在现象，
如同梦幻和泡影，
如朝露易灭，如电闪刹那，
应当这样观察它们。”

佛讲完这部经后，长者须菩提，其他比丘、比丘尼、优婆塞、优婆夷，一切天、人、阿修罗等众生，都从佛的教诲中领略到清净的欢乐。他们信受本经并且身体力行。

源流

为大乘人和最上乘人施设的《金刚经》自流布以来，遂对佛家理论建设和佛教徒的精神修证产生重大而深刻的影响。在印度和中国，许多著名的佛学大师都敏感地关注了此经，围绕这部经，佛教文献中形成了一个灿烂炫目的诠释系统。

历史地看，《金刚经》之文本诠释活动，不仅应追溯印度的源头和中国的继承，而且更应着眼于中国经典解释传统中的重大转型。众所周知，在中国佛教史上，有关《金刚经》解释上的这一转型，是同禅宗六祖惠能大师紧紧连在一起的。

根据唐代三藏法师义净的报道[①]，无著时代，印度那烂陀寺曾兴起一股解释《金刚经》的热潮，无著开了此一潮流的先河。无著之后，世亲承其绪，更得师子月法师和月官居士的激扬，无著学派在《金刚经》的解释上，不仅完善了其理论系统，且在此后相当长时期（公元五世纪以后），基本奠定了那烂陀寺对这部经典的态度。

大乘中观学派的创始人龙树和提婆都没有留下有关《金刚经》的专门著作。但是，中观学派的基本理念却通过功德施论师得到了表达。功德施所著《金刚般若波罗蜜经破取着不坏假名论》代表了般若空宗的基本诠释方向。这样，我们看到，在《金刚经》诠释传统形成的最初时期，不同的诠释路向主要来源于大乘佛教空有两大宗派间的理念差异。

义净指出，空有之别乃是印度《金刚经》解释中的根本歧异点所在，义净这一看法为历史的源流检索提供了线索。在此，我们拟先对印度空有两宗的理论差异点做一个比较式探讨，以便为此后的进一步分析提供背景。

龙树在他著名的《中论颂》中曾这样确立一切佛法的说法标准："诸佛依二谛，为众生说法，一以世俗谛，二第一义谛。若人不能知，分别于二谛，则于深佛法，不知真实义。"②

二谛成为诸佛言说之根据，其中世俗谛谈论宇宙万法，它既包括一切流转、变异之法（众生法、心法），也包括一切常住、清净之法（佛法）。不管这两类法在性质上多不相同，它们在本质上却有一个共同点，这就是，二者都包含了存在之规定性，它们谈论时间空间中的有生灭之物，它们自身中浸透着主客、能所的对立、对峙性。

第一义谛则是存在一切规定的彻底打消，是存在之实际情态的昭示。它超越时间、空间、心物、语言等种种生灭物，是空，是超越的否定性和超越的否定性之后最圆满的肯定性。

从第一义谛的立场看，宇宙间一切的存在现象都只是假名，对它们的任何执着都是错误的。遣一切执，扫一切相，打破存在之一切系缚以求透视万法之空相，这便是般若学的旨趣所在。

《般若经》中多次提到“甚深般若”或者“甚深空”，意在揭明第一义谛所相应之空，绝非对有的简单否定，空事实上相关着深广无限的宇宙真实。正因为此，人们在领会二谛学说时便有了误解的可能性，龙树在《中论》中便曾提到众生“着空”[③]这一难愈之症。着空，就是仅仅站在否定的而不是超越的立场上去看待对存在一切规定性的打破，它将会引起一切因缘果报等世间存在现象的彻底断灭。五世纪兴起的大乘有派，正是在充分考虑过众生根性后的一种新施设。

无著以三性构造宇宙万法。三性是遍计执性、依他起性和圆成实性，其中，依他起性表显因缘生法。无著将依他起性的因缘生法扩展至极致，仅仅将由于对因缘生法不能如实了知，而片面地在一切缘起现象上执着计较的实我、实法断定为遍计执性，应在排除之列[④]。

这样，大乘有宗的思考重心就不是遍计执性，而是依他起性；大乘有宗的修证方式就不是否定，而是肯定；大乘有宗的表达方式就不是遮诠，而是表诠。一句话，对于因缘生起的一切存在现象不能仅仅以“假名”待之，依他起和圆成实（超越的真如之理）一样，必须被看成具有存在之价值，其价值即立足于因缘生法的染净转变过程中。

现存的无著、世亲之《金刚经》释论，计有无著之《能断金刚般若波罗蜜多经论颂》、世亲之《金刚般若波罗蜜经论》（菩提流支译名，义净之译名为《能断金刚般若波罗蜜多经论》）以及别本之《金刚般若波罗蜜经论》，此论由隋南天竺三藏法师达摩笈多译，署为无著菩萨造，但亦有说为世亲造者[⑤]。

详考以上几部颂、论和释，世亲的释论纯从无著八十颂而来，二人之间在《金刚经》解释上完全一致，因此我们在这里不打算细考别本释论的作者归属问题，我们把无著和世亲的《金刚经》解释看成一个当然的体系。

无著等依据的《金刚经》文本与罗什所译有很多不同。这些不同，哪些是由于传承的差异，哪些是因为罗什大胆的改译，在此不及细论。

这里我们只提出二家文本中一个最醒目的不同，它典型地反映了无著学派《金刚经》诠释上的基本立场。这就是，在罗什本中凡称“我相”和“法相”的地方，无著的文本均写作“我想”和“法想”，如罗什本称“菩萨应如是布施，不住于相”，无著本则称“菩萨如是布施乃至相想亦不应住”；罗什本称“是诸众生，无复我相、人相、众生相、寿者相，无法相、亦无非法相”，无著本则称“由彼菩萨无我想、众生想、寿者想、更求趣想，彼诸菩萨非法想、非非法想，非想、非无想”。

这里，无著文本我们依据义净的翻译，在全面透视过《金刚经》的印度诠释传统后，我们将不难发现，义净这一翻译的确是极忠实地再现了无著及大乘有宗的基本精神[⑥]。

无著解释“法想”的偈是“皆无故非有，有故不可说，是言说因故，法想有四种”[⑦]。世亲澄清这一偈颂的主要理论依据，正是三性学说中的表征因缘生法之依他起性，世亲说：“此谓能取所取诸法皆无故，法想不生，即无法想，彼之非有法无自性空性有故，非无法想。”[⑧]无著和世亲在此处所着意的是“非有法无自性空性有”，即自性本空的因缘生法体性上的存在性。

在另一个地方，世亲解释“非法非非法”时说，“彼非是法，谓是法，无为其性故；复非法，由彼无自性体是有故”[9]。此处，“无自性体是有”同上所引之“无自性空性有”一样，意在表明有宗所谈论之存在（有）是经过“无自性”空的破斥后之存在。但是，这里的问题不在于指出有宗和空宗在讲法上孰优孰劣，真正的问题是，此处同前面文本比较中暴露出来的信息一样，大乘有宗在《金刚经》诠释上，对流转变异中的一切存在现象之否定性殊少关心。

这种态度特别是在考虑《金刚经》中著名的“即非，是名”模式时表现得更加彻底。例如在解释“庄严佛土者，如来说非庄严，由此说为国土庄严”时，无著说：“智流唯识性，国土非所执。”[10]菩萨“庄严国土，利乐有情”的一切福德都不是执着于实有国土而来，所以“非庄严”仅仅针对国土众生的片面执着而说，它一点也不排除菩萨事业的有效性和价值，在消除国土众生的片面执着后，菩萨的庄严事业就是净智所流，唯识所现，所以应该从唯识学谈一切识现是有非无的角度去谈论《金刚经》的“是名”说，这就是说：“是名”绝非“假名”。

无著或者世亲的别本释论使以上问题进一步明朗化。该释成立“七种义句”来解释《金刚经》，七种义句是：一、种性不断；二、发起行相；三、行所住处；四、对治；五、不失；六、地；七、立名。其中第五义句“不失”主旨在于远离增益、损减的二边执着。什么是增益、损减的二边执着呢？释论说为：“若于如言辞法中分别执有自性，是增益边；若于法无我事中而执为无是损减边。”[11]

一切万法皆由语言所表现，人们谈论存在时，不得不借助语言；但是，当人们用语词去称谓法时，人们总是本能地把为语词称谓之法想象为如语词言说那样具有自性实体，这几乎是人们运用语言工具时一个不易察觉的本能倾向，然而此一倾向是错误的，它把有自性、有实体这一规定性加到存在（法）上去，于是使众生无法透视法的实际存在情态，这就是增益的偏见。

然而当人们努力破除实体性偏见时，往往又走到另一个极端上，即对法的一切存在之规定性也进行全盘的破斥，法被了解为全然断灭的否定性，这一极端的做法虽或为着了解法的“实际存在情态”所冲动，但其在进行时连带法本身中固有的因缘关系也给断然抛弃了，这就是损减的偏见。

所以正确的做法是在两种倾向上保持中道，远离两个极端。不难看到，这一要求也正是大乘有宗根本经典《成唯识论》写作的主要动机之一[12]。《成唯识论》所说的“或执外境如识非无，或执内识如境非有”正是指的增益、损减二种偏见，而在排斥了增益、损减二种偏见之后的一切存在现象之存在方式，正是依他起性表征的因缘生法。

别本释论据此解释了《金刚经》的“即非，是名”模式，别本释论说《金刚经》的“即非，是名”模式正好呼应了唯识学破斥增益、减损二种偏见的双重要求。

别本释论从《金刚经》中大量的三段论模式中特别挑选出“是福聚，非福聚，是名福聚”（罗什译本中，“福聚”译为“福德”）和“佛法，非佛法，是名佛法”这两个典型来。

“福聚”在《金刚经》中多次被提出来与读诵受持《金刚经》相比较，它以“布施”为表现形式，然而这种慈悲的布施并未与般若的无上智慧相应，或者换句话说，“福聚”是有为法，是造作生灭之法。

“佛法”在佛教的法相系统中则属于无为法，即无造作、无生灭变异之清净法。这样，从《金刚经》的大量法相中撷取“福聚”和“佛法”，消解其三段论式，就不再是随意为之，其真正目的在于对所有的三段论式之诠释提供系统化和规范化。

别本这样阐释第一个三段论式：“若说言世尊若福聚非聚，此遮增益边，以无彼福聚分别自性故；若复论言是故如来说福聚，此遮损减边，彼不如言辞有自性而有可说事，以如来说福聚故。”[13]有关“佛法”之三段论式可据此类推；广而言之，一切法相之三段论式均可按照上述格式予以消解。

其中，“即非”句破斥对诸法实际存在情态的增益偏见，“是名”句破斥对诸法实际存在情态的减损偏见。这样，从大乘有宗的宗学立场来看，最足以代表《金刚经》中全部理念的“即非，是名”论式就纯粹是对依他起的因缘生法作了空宗式的表述。

无著和世亲的诠释路向在多大程度上符合《金刚经》的原意是一回事，两家在文本之具体解释上曾贡献良多，此点毫无疑问极须重视。放观中印的整个《金刚经》注释传统，无著和世亲在具体文本探讨上，以他们独特的方式解决了两个重要的疑难问题，这两个疑难问题也是所有此后之《金刚经》诠释活动都无法回避的。

第一个问题是《金刚经》为谁而说。按照《金刚经》的本文，此点本已不成问题，因为本文曾明确断言：“以要言之，是经有不可思议、不可称量无边功德，如来为发大乘者说，为发最上乘者说。”罗什译本中此处与义净的译文完全相同。

在《金刚经》开头，罗什译为“发阿耨多罗三藐三菩提心”的地方，义净的译本则为“发趣菩萨乘者”。我们知道，义净的《金刚经》再译不是率然之作，义净是在充分考虑无著、世亲译论的基础上“更译本经”的[14]，因此可以说，此处改译“发阿耨多罗三藐三菩提心”为“发趣菩萨乘者”，的确善巧地体现了大乘有宗判教学说中的命意所在。

根据无著的看法，菩萨乘、大乘和最上乘这几个提法并无含义上的不同。无著以“得未得不退，谓最胜付嘱”[15]解释经典本文中的“善付嘱诸菩萨”，“不退”在菩萨漫长的修行践履中表示一个地位，到此地位，菩萨将不再退转于菩萨行。

这样，无著此处说达到不退转和未届不退转地的两类菩萨，事实就暗指了所有位次上的菩萨，这就表明，《金刚经》乃是针对一切位次上的菩萨说的。别本释论中更解释“护念”和“付嘱”，说它们成立了七种义句中的第一义句，即令佛的种性不断。

第二个棘手问题是《金刚经》的本文是否有前后重复之嫌。现行《金刚经》之各种译本中，都有须菩提的前后二问，前后二问在语句上又基本一致，那么《金刚经》的本文是否有一个内在线索可资追寻呢？无疑，在此简单地回答说经典本文前后重复拖沓就只是一种不经意的态度，然而要清理出此条暗线又实属不易，它不仅要求纯正佛学的系统训练，且要求亲切的自证实践。

无著和世亲基本上以两种方式梳理经典前后二部分

的逻辑结构。按照无著的第一种说法，“由自身行时，将已为菩萨，说名为心障，违于无住心”[16]，这是说，菩萨在发趣大乘的整个过程中，在住心、修行和降伏妄心的一切行动中（罗什译本在此简化为住心和降伏妄心两项）都有一个“将已为菩萨”的“心障”，这是修行人遇到的极细微迷惑，因此《金刚经》后分从逻辑上说就在于对治此种心障。

别本释论更加清晰地暗示了另外一种解读方式，别本仍肯定须菩提的重复提问主旨在于对治“心障”，但其把此种对治放在菩萨“证道”的确定位置上，菩萨修行的不同地位上有着不同的烦恼执着现行作用，因此，菩萨地位之逻辑结构可规定《金刚经》文义之前后脉络。

无著和世亲自觉地把《金刚经》领会为一个首尾一贯的逻辑架构，这给此后的文本探索树立了一个榜样。他们提供的两种解读有一个共同点，即他们不是仅仅从观念出发解释《金刚经》的逻辑架构，《金刚经》的文义血脉应从菩萨修行的亲切活动中，从修行人内心中细微的精神动作里给予领会，此点不仅将为此后的中土文本诠释提供参考，且为向内心中解说般若的思考方向提供了最初的预设。

功德施提出了一个与大乘有派风格迥异的诠释体系。功德施在其解释著作的最初归敬序中如是概括“金刚般若”的特征：“稽首能悟真实法，离诸分别及戏论，欲令世间出淤泥，无言说中言论者。一切异道之所作，不能坏于诸相见，彼难坏见金刚断，故我归心此法门。”[17]

首先，万法存在之实际情态是远远超越于一切分别心的分别、执着和颠倒、戏论的；其次，佛法之任何陈说都是对超越语言之物进行语言，因此绝不可落入语言之陷障，因指废月，因名废实；第三点，也是最重要的一点，功德施认为金刚法门的特质就在于能打破一切诸相，一切诸见。

功德施自觉地把自己的诠释追溯至龙树，他说：“佛所说法咸归二谛：一者俗谛，二者真谛。俗谛者，谓诸凡夫、声闻、独觉、菩萨、如来乃至名义智境业果相属；真谛者，谓即于此都无所得，如说第一义非智之所行，何况文字，乃至无业无业果，是诸圣种性。”[18]

不难看出，功德施在这里是在最广大的意义上使用俗谛概念的，俗谛涵盖一切语言可及之法，这同时意味着，一切语言可及之存在现象皆是“假名”，而假名就是不真实，就是必须打破的存在之窠臼。

基于以上原则，功德施为中观学派的《金刚经》诠释提出了两条规范性标准：

第一条是：“此般若波罗蜜中说不住布施、一切法无相、不可取、不可说、生法无我、无所得、无能证、无成就、无来无去等，此释真谛。”

第二条是：“又说内外世间一切法相及诸功德，此建立俗谛。”[19]功德施的两条规范性标准适合对《金刚经》中所有文句进行解释，功德施释论之重要意义由此可见一斑。

功德施释论的标题就已很好地表达了他的理念。“破取着不坏假名”，破取着是以自性空和无所得打破一切存在之规定性，是站在真谛立场上说；不坏假名是不坏“内外世间一切法相及诸功德”，不断灭一切存在之固有规定性，这是站在俗谛立场上说。功德施要求在“破取着”和“不坏假名”之间把握其统一性，即是要在真谛的基础上建立俗谛，实现真谛与俗谛的完美统一。

统观功德施全论，这一观念始终只是作为暗示呈现，但此一暗示对于未来中土的《金刚经》诠释则极具启发性。

中土最早为《金刚经》作注的是僧肇，肇注着墨不多，只大略注释一二要旨而已；六朝时注释至今仍存的有三论宗吉藏、天台宗智者两师之疏。以上三家之疏可以说最典型地代表了中土《金刚经》诠释对于龙树中观学派的继承。

僧肇是罗什大师的入室弟子，肇注之《金刚经》采取二谛学说自是当然之事。从朱棣之《金刚经集注》所引肇法师语很可看得出这点。如在解释“是名庄严”时，肇说为“是名离相庄严佛土”[20]。谈到佛在歌利王时代遭受迫害一事，僧肇说“五蕴身非有，四大本来空，将头临白刃，一似斩春风”[21]，这是明确地用本来性空思想看待五蕴、四大及一切万法。

又如解释“三世心不可得”时，僧肇说：“闻说诸心，谓有实心，故须破遣。明三世皆空，故论云：过去已灭，未来未起，现在虚妄，三世推求，了不可得。”[22]以上数条足以显示僧肇之《金刚经》诠释的基本性格。

依据中观学派的理念解释金刚般若，僧肇开了先河。肇之后的另一个重要人物是吉藏。吉藏学宗“三论”，人们本来期待他的注疏会更加精彩，可是事实却非如此。吉藏的《金刚般若疏》虽然毫无疑问地坚持了中观学派的诠释方向，但是吉藏在这一方向上并未提供什么新论。他的《金刚般若疏》总起来看或为不经意之作。

吉藏在他的疏中引用了僧肇的一句话，这句话是：“原夫能境智因果者，岂境智因果之所能，良以非境、非智、能境、能智，非因、非果、能因、能果等耳。”[23]

僧肇的这句话可以这样解释：境、智、因、果代表万法流转变异中的存在样态，是俗谛；非境、非智、非因、非果代表超越万法流转变异的存在实态，是真谛，或说第一义谛。非因、非果而能因、能果，非境、非智而能境、能智，就是在打破一切存在之实体执着后，从空的立场重建存在，这就是真谛、俗谛统一的观念。僧肇所谓“离相庄严”、所谓“不动真际，为诸法立处”的“立处即真”等观念[24]都是对真、俗统一的表达。

我们看到，在功德施那里是“不坏假名”，而在僧肇（包括吉藏）则已是要求“建立假名”了，此点可视为中观学派《金刚经》诠释上一个显著的突破。

吉藏在他的疏中对他之前的般若诠释进行了分类。般若究竟是什么呢？有人从境智这对范畴看般若，境之般若就是实相般若，智之般若就是观照般若；有人从因果这对范畴看般若，在因就是般若，在果即为菩提（最高觉悟）；还可以从生佛范畴看般若，等等。

吉藏问，他自己对般若的解释与其他各家为同为异呢？他说，求同求异就已经不是般若的观点；般若的观点就是最彻底的无观点，彻底的无同无异、不自不他、无依无得、一无所住，这才是般若最玄秘的宗点所在。因此，般若是绝对没有任何确定的样态，它随缘而现，义无不通。

从这个立场来看，对般若的各种见解都是正确的，也可以说都是错误的，只有同时超越对般若的各种可能的观点，方可以说是迫近了般若[25]。吉藏对般若特殊立场（按照吉藏的用语，他称这点为“玄”）的这一陈述，应该说是深得中观学派之精髓的。

站在中观学派的立场上，对《金刚经》诠释做出许多重要发明的是智者大师。智者大师解释一切经，往往从三谛学说出发，唯独对金刚般若，却以二谛立论，此点显示智者对般若理解之深刻与忠实。

从智疏看，智者对于以二谛解说金刚般若的做法是高度自觉的。试举一例：在解释所谓“此岸、彼岸”时，智者使用了一个极具表现力的说法，他说，生死为此岸，涅槃为彼岸，远离二边为真正波罗蜜；生死涅槃为此岸，非生死涅槃为彼岸，远离此彼岸为真正波罗蜜；又生死涅槃双非中道为二，非生死涅槃中道为不二，二不二俱为此，非二非不二俱为彼，“远离二边及以中道名波罗蜜”[26]。

在智者的圆融三谛说中，中道第一义谛并不与真谛、俗谛对峙而三，中道并无确定的位置，它只陈说真俗之圆满融入的特殊状态。但是，当智者大师在他的体系中采纳“中道”概念时，般若学的否定表达式便以某种方式转化为肯定表达式，正是这一点促成他对中观学派的全面突破。智者大师由此而把佛学引导到中国宗学的方向上。然而，这样一来，智者就无法消除人们以确定位置解说中道的误读可能性。

于是，在《金刚般若经疏》里，智者没有进行这一突破，中道也被看成是必须远离的，只有在远离二边及中道后，才是真正摆脱一切生死烦恼的般若[27]。

智者说，所谓“金刚般若”，“此乃揣万有于性空，荡一无于毕竟”[28]，这一毕竟空之般若智慧，如无上金刚宝，能自由地摧毁一切世间之物，如大火焚烧一切所触之物。这样，金刚般若本身的性格就要求绝对否定的领会方式。

其次，智者大师根据“名、体、宗、用、相”的解经模式对《金刚经》大义进行了高屋建瓴的把握。智者大师在此为后代的《金刚经》诠释奠定了许多基本的观点和理解。

关于经体，智者大师说为“若见诸相非相即见如来，是经之正体也”；

关于经宗，智者大师说为“约实相之慧，行无相之檀”；

关于经用，智者大师说为“破执为用”，他认为“一切封着通名为执，破诸相惑显出功能，亦自无滞即力用也”；

关于教相，智者大师判本经为“通别兼圆”[29]。

近代学人江味农居士曾对智者大师及智者大师开创的天台宗之《金刚经》诠释传统提供过精到的分析。江备极称赞智者以二谛说金刚般若，乃深具祖师法眼[30]，江在他的讲义第一部分立五重玄义总揽《金刚经》，其规模格式一依智者。这样，我们通过江味农居士的分析，即可清理出天台宗的这条诠释路向来。

首先，经体系指一部经经义归趣之主要点。一经必有一经主要之点，千言万语，皆趋重于此点，千头万绪，皆发端于此点。所以经体也就是一部经的纲骨，抓住一部经的经体，读诵受持时方不致望洋兴叹，也不致入海算沙。这样说来，所谓经体，系克指当部而言。为使这一问题更加明朗，江味农在经体和性体之间进行了比较。

佛为一大事因缘出现于世，这就是开示一切众生，悟入佛之知见。佛之知见，即如来智慧觉性，亦即佛性。一切众生皆有佛性，一切经典莫非开示众生此一生命中本自具足的佛性；这个本自具足的佛性也就是性体。从这个角度看，一切经典莫非发挥此一性体。

然而佛典之存在，纯因众生的愚痴不觉，众生根性万差，佛典遂随缘随机而各有偏重，此各有偏重之归趣点，也就是一部经的经体。所以经体与性体，虽二而不二，仍复不二而二，不能笼统颟顸，呆指经体即是性体。

江味农进行的第二个比较，是在对各宗讨论经体的规格予以对比后显示经体究竟是什么。天台、贤首两家之说在此作为中土佛典诠释的两个比较固定的模式予以讨论。关于华严宗，江特别注意到圭峰宗密的《金刚经纂要疏》，宗密在这部疏中以“文字般若”作为经体，然而般若经十六会中，哪一会哪一篇不是“文字般若”呢？

江还刻意提到智俨的《佛说金刚般若波罗蜜经略疏》，智俨在他的《略疏》中用三种般若（实相般若、观照般若、文字般若）总明《金刚经》的经义归趣[31]，现在可以问：一切大乘经，哪一部不是在发挥三种般若呢？

上面的两个比较已界定了天台“五重玄义”中“经体”的含义范围，说明天台宗（站在般若学立场上）的诠释为什么更加契合《金刚经》本意。江味农据此清理了天台宗《金刚经》经体之解释线索。

自隋智者大师以“若见诸相非相，即见如来”为经体后，天台宗大德的最重要注疏无不因之。明时藕益之《金刚经破空论》以“实相常住”为经体；近时天台宗大德谛闲法师所撰之《金刚经新疏》则以“第一义空”为经体。以上三说名异而实同；按照般若学派的看法，第一义空、实相、如来这些名相所传达的东西都是万法存在之实际情态。

然而三说之优劣又不可不辨：谛闲的“第一义空”不是《金刚经》现成的文句。藕益说的“实相常住”从道理上说并无错误，但“常住”二字似乎极容易给人产生误解。智者点出的经体不仅出自《金刚经》中现成语句，且能透彻显示《金刚经》扫相破执的根本性格，因此智者所说诚为千古不易。

江在《金刚经》文本探索的主要规格上宗依智者学说，但一生持诵《金刚经》的修学经验仍使他得以超出智者。即以经体问题论，江似仍不满智者说中的“如来”二字。《金刚经》曾自释“实相”说“实相者，即是非相”，智者已拈出“见诸相非相”来，见诸相非相，即生实相，也就是使存在之实际情态透破一切执障后现前。

《金刚经》反复再三要求读诵受持，读诵受持的目标是见诸相非相，见诸相非相的归宿则是生实相，由此可以说，江味农居士以“生实相”作为《金刚经》的经体，在继承智者大师的前提下，似乎更得《金刚经》之血脉。

江味农“五重玄义”中第二个考虑得比较彻底的问题是经宗。江指出，所谓经宗实指修宗，即修行时所宗主之点。显体是对一部经的主要理念进行把握，明宗则涉入修行人的亲切实践状态。

在智者大师的“五重玄义”中，明宗紧蹑显体而来，这说明由文字般若到观照般若的内在统一过程，智者如是阐释之后果，乃使任何一部佛经不仅仅作为谈玄之物，智者通过阐说修宗揭明佛教经典涉及修行的亲切面目，《金刚经》当然也不例外。

吉藏疏中也曾考虑到修宗问题，按照吉藏的说法，《金刚经》在发起修行时，其主要之点在于“般若非因果，正以因果为宗”[32]。吉藏这句话说明在般若修行上应极重视因果俗谛，但是吉藏这句话写得十分含混，他未能揭示非因非果的般若究竟与因果俗谛间有何关系。

智注标宗为以实相之慧修无相之檀，藕益说为以观照契理为宗，谛闲法师之新疏，则以发菩提心为宗。藕益之说修宗似乎特偏重于智的方面，这同《金刚经》融智慧慈悲于一片的修行精神似有扞格。谛闲的说法显得太宽泛了，《金刚经》无疑要生起或者开发出最高、最圆满的觉悟心，但《金刚经》的特异之点正是在问应如何生起、如何开发此一最高、最圆满的觉悟心，而这才是本经的修宗所在。

另有明代僧宗泐和如瑞同注之《金刚经》也以五重玄义立论，其第三明无住为宗，并举出经文“应无所住”作为证据，“经中多以无住破着，故以无住为宗也”[33]。

然而《金刚经》中多次说到应无住而生心，应生心而无住，并曾特别标出“应生无所住心”，说明无住和生心应融为一片，因此宗泐和如瑞的说法也只偏重于智的方面。

智者疏曾明确标示“以无相为实相”[34]，这样，智者的修宗无异是说“以实相之慧修无相之檀”，正是在这一意义下，江味农把智者的话换成“离一切相，修一切善”。无著最早说明《金刚经》在语例上用一施度总摄六度[35]，所以当江味农用一切善替换檀度时，他并未改变智顗（据《辞海》）的意思，相反，他使智顗（据《辞海》）的意思更加清晰明朗了。

江味农最后把他和智顗（据《辞海》）共同的源头追溯至龙树，龙树在著名的《大智度论》中曾如是阐述般若学的修宗：“般若要旨，在离一切法，即一切法。”离一切法，就是要破除对一切存在现象的实体执着；即一切法，就是要最广泛地从事一切良善的行为。

所以，龙树所说和智顗（据《辞海》）、江味农归根结底是一致的。只是智者和江味农在阐说《金刚经》的经宗时，都使龙树的说法在不同程度上愈来愈明朗了。

判教是中土佛教经典诠释中的一个独特方面，它将一代时教进行归类，指出每部经典的归属，并判别它的价值高低。综合地看，教相之评判不仅涉及经典之历史、经典之理念，而且更重要的是涉及判教者的修学经验。

以《金刚经》论，中土台贤各宗均以之归属大乘经类，但在大乘经的级别上，各家对它的看法就不一样。天台宗判本经为通别兼圆；贤首宗则判之属大乘始教，亦通于圆。

江味农的《金刚经》诠释在许多方面都以智者为师，

独在教相之审定上，他的见解与他极力推重的台家大不相同。他批评台贤各家对《金刚经》教相之断定“皆不免拘牵名言”，通过对《金刚经》文本的透彻研究和自己的修学体验，江味农判定本经为境心俱冥、遮照同时、慧彻三空、功圆万行的至圆极顿之大教。

他的主要理由如下：

首先，《金刚经》在文本上明明说明本经是绍隆佛种、传授心印的无上法宝。如经中屡言“一切诸佛及诸佛阿耨多罗三藐三菩提法，皆从此经出”“是经有不可思议、不可称量无边功德，如来为发大乘者说，为发最上乘者说”“如是人等，则为荷担如来阿耨多罗三藐三菩提”，等等。

其次，《金刚经》的经义宗旨在于无住，无住即是不着，不着二边，非有非无，非法非非法，一破一切破，一修一切修，这和天台宗的圆融三谛及贤首宗的理事无碍、事事无碍诸说间并无实质上的区别，《金刚经》全经所说都是至极圆顿之义。

第三点也是最重要的一点，江味农对经典文本的文义线索问题进行了独到的探索。根据他的结论，《金刚经》在文义上前后一贯，但在文相上则不无浅深次第，以方便见浅见深之闻法者。所以关键在于透过文相，因指见月，把握圆顿的文义；相反，如果拘牵于名言，不能融会贯通，超然象外，则势必“与经中义趣，未尽吻合也”[36]。

明朱棣之《金刚经集注》共收录僧肇语十四条，从僧肇的这些话看，基本上可以确定僧肇解释《金刚经》的出发点是中观学派的二谛学说。但是僧肇在这条诠释路向上走得很远，这从他解释“是名庄严”为“离相庄严”即可看出。

《金刚经集注》中收录的僧肇对“庄严非庄严是名庄严”的另一条解释使他的意思更加清晰了。他说：“此明不达法空，取庄严净土，故非菩萨；复明离相无为，庄严佛土也。”[37]这里以一切法自性空解释“即非”句，以离相无为解释“是名”句，前者符合中观学说，后者则越出了中观学派的理念范围，僧肇这一解释事实上完全从融合真俗为一片的立场出发领会“是名”句，“是名”在此不具有“假名”的含义。

僧肇为什么能实现对中观学派基本理念的重大突破，这一问题在此不便详论。我们的目的仅仅是基于佛典诠释的立场，试图把握僧肇这一突破的内在线索。

《金刚经集注》收录十四条中留下了一些蛛丝马迹，如在解释“无法相，亦无非法相”时，僧肇明确地说，这是为了遣着有心和无心[38]，在解释用恒河沙数身体性命布施为什么不及受持经典之功德时，他说：“受持是经，见自性耳。”[39]尽管僧肇所了解的“见自性”含义仍然是指深明诸法性空的实相理，但僧肇这些说法仍然极具启发性，它们表明僧肇在《金刚经》的文本解释上以某种极精微的方式引向了内心。

智顗（据《辞海》）和龙树都曾说“智及智处皆名为般若”[40]，以智慧般若透入实相般若，境智合一，境即是智，智即是境，这一点也许是促使僧肇把打破一切分别执着的“平常真心”，同不生不灭的法体亦即实相等同起来的理由之所在[41]。当实相亦即诸法之实际存在情态被同真心自性等同起来时，金刚般若用无上智慧破一切执、扫一切相的目的，与其说是生实相，就不如说是开发生命中本自具足的真心了。僧肇就这样超越中观学派，提示了一种崭新的诠释路向。

《肇论》中的一些说法同《金刚经集注》中收录的材料在倾向上是一致的。《般若无知论》引《道行般若》“般若无所知，无所见”说明有无相之知、无知之照，僧肇然后用“圣心”或“圣智”来说明这种无相之知、无知之照。此种圣心或圣知之存在品格，他描述为是“实而不有、虚而不无、存而不可论者”[42]，它无知而无所不知。

《般若无知论》的本意是要陈说般若知的特征，但它客观上却引向向内心解说般若，而向内心中解说般若的结果是领会到圣心圣智的存在，此种超越有无对待语言概念的圣心圣智，在《金刚经》的诠释中就被称为真心自性。

从《六祖大师法宝坛经》(以下简称为《坛经》) 留下来的一些资料看，僧肇暗示的路向主要是通过中土禅宗的五祖弘忍和六祖惠能得到继承和发扬的。

禅宗自五祖始着力弘持《金刚经》。五祖常劝僧俗，只要受持《金刚经》，“即自见性，直了成佛”，这表明他是把受持《金刚经》同见性成佛联系在一起的。

但是，真正同《金刚经》有莫大因缘，因《金刚经》而开悟，并因而引发对《金刚经》作别开生面的新诠释的，则是惠能。《坛经·自序品》介绍了六祖的得法因缘，《般若品》中，惠能则提供了一个崭新的《金刚经》诠释学。

从得法因缘看，六祖对《金刚经》的理解经历了一个过程。惠能所呈之得法偈只表明他已与金刚智慧初步相应，但只有到了五祖深夜为他单独开示《金刚经》时，惠能才彻底地实现了“开悟”。

五祖对神秀的批评，主要说明不生不灭之本心本性应于一切时中念念自见万法无滞。神秀说“身是菩提树，心如明镜台”，并要时时地拂拭心上之尘埃，这说明神秀所谓的“心”远远未能念念无滞。

与神秀相比，惠能的得法偈特重于“本来无一物，何处惹尘埃”，惠能用彻底的金刚智慧扫荡一切相心，就好像这种般若力量完全出自他本心本性的流露一样，不着一点痕迹，这正是惠能高出神秀的地方。对于神秀，扫相破执完全是有意而为之，般若智慧是外在的；对于惠能，扫相破执则纯粹是无心而为，般若智慧的力用同本心本性的开发完全是一回事。

惠能最后的得法同《金刚经》密切相关。据《坛经》载，五祖“为说《金刚经》至应无所住而生其心，惠能言下大悟：一切万法，不离自性。遂启祖言：何期自性本自清净，何期自性本自不灭，何期自性本自具足，何期自性本无动摇，何期自性能生万法”。惠能在这里对金刚般若的理解达于极致，而他对内在本性的体认也就达于极致。

五祖曾提出“本心般若之性”，并把它同有为福田相比，说明本心般若的绝对内在。惠能明确地把“本心般若之性”称作“自性般若”，惠能说，自性般若，世人本自有之，只因为有迷有悟，所以有见性有不见性；这正如佛性本无差别，世人迷悟不同，所以有愚有智。

在惠能这些说法里，所谓菩提般若之智，所谓自性般若，所谓佛性，等等，就同自性、本心、本性、真心等等概念一样，同样都指众生内在的心性本体。后代禅人往往以专揭自性标诸六祖之佛学，事实上，在惠能的理解中，自性即是指自性般若。自性般若的本体化表明般若理念的彻底内在化，这是僧肇以来《金刚经》诠释新路向的完成。

为了摆脱以实体式存在理解自性，惠能采取了两种方式。一种是说妙性本空、自性真空，惠能把自性和般若连在一起，这样像诸如“自性真空”这种奇妙的表达方式也就可以理解了，它的目的是从根本上提防把自性执为一实有之存在物。

第二种误解是把自性理解为一般意义上的心。为了避免此点，惠能要求修行人注重到心无能所的状态。在谈到“福德性”亦即超越的福德时，惠能说，能所心灭，就是超越的福德了[43]。超越能认知与所认知这一主、客对待之上的自性，自然绝对不是一般的认知之心。在《坛经》中，惠能有时又用“来去自由、去留无滞”来说明心体的这一真实状态。

在排除把自性执着为一实体式存在或当作一般认知之心的双重误解后，惠能的般若自性就成为空、有同一的超越性存在，惠能在开悟时即说明一切万法不离自性，惠能又把自性比成世界虚空：世界虚空，能含万物色相，日月星宿、山河大地、泉源溪涧、草木丛林、恶人善人、恶法善法；虚空无相，而不拒诸相发挥，成云致雨，总在其中，自性也正如此。

惠能称自性为“大”，自性中包含万法是大，自性虽包含一切善人恶人、善法恶法，却不染着，心如虚空，这就是“大”。在解释“如来所得法，此法无实无虚”时，惠能又用另一种方式描述自性般若的超越性存在之特征。惠能说：“所谓无实，就是法体空寂，无一切相；所谓无虚，就是此无相空寂之法体中有恒沙性德，用之不匮，取之不竭。”[44]

显然，惠能反复描写的那种无实无虚能涵一切，而又绝不染着于一切的自性，就是在空有真俗之间打破一切封着之后的真正融为一片。大乘空宗由“不坏假名”到“建立诸法”，最后通过六祖大师的“自性般若”终得融真、俗成为一片[45]。

禅宗自五祖、六祖以后，学徒大都以《金刚经》取代原来宗尚的《楞伽经》，《金刚经》成为此后相当长时期禅宗学人的日常诵读课本。这一事实已足以规定此后禅宗学人的《金刚经》解释方向。

据明代朱棣所说，唐宋以降，为《金刚经》作注疏的人“无虑数十百家”[46]，但各家所说，大都不出六祖大师的范围，朱棣《金刚经集注》中所录各家之言论反映的正是这一实情，《金刚经集注》中所录较有代表性的各家，如李文会、陈雄、傅大士、川禅师等，或为禅宗之徒裔，或为深受禅思维影响的学人。

朱棣在为《金刚经集注》所作序文中概括了六祖以后禅宗学人《金刚经》经义解释上的基本看法。首先，各家无不认为，《金刚经》是“诸佛传心之秘，大乘阐道之宗，而群生明心见性之机栝也”。这就是说，对《金刚经》的一切“读诵受持”首先要以“明心见性”作为首要目标。按照这种诠释方式，《金刚经》被理所当然地看成禅家的基本文本。

其次，各家均认为：“一心之源，本自清净，心随境转，妄念即生。”这样，《金刚经》所谓“扫相破执”等无非为了破除各种随境而转的“妄念”，《金刚经》的扫荡一切相心无非为了“解黏释缚”，还原众生到“本自清净”的“一心之源”[47]。细考《金刚经集注》所录各家之说，朱棣以上的概括是精当的。

《金刚经集注》收录诸家之中，川禅师对《金刚经》的解释较诸其他各家要完备得多，而川禅师的《金刚经》解释在风格上又极为独特。

他往往提取经文中的一句话，然后用玄秘的禅人诗句道出他对这句经文的理解。如在解释“金刚般若波罗蜜经”这一经题时，川禅师说：“法不孤起，谁为安名？颂曰：摩诃大法王，无短亦无长，本来非皂白，随处现青黄。”又如在解释“恒河沙”时，川禅师说：“前三三，后三三。颂曰：一二三四数河沙，沙等恒河数量多。算尽目前无一法，方能静处萨婆诃。”[48]

显然，川禅师的这种解释，事实上是在写他的修证体验。他的做法从方法上看颇似于中期禅宗的“话头禅”。考虑到六祖以后，《金刚经》曾被禅宗学徒广泛传习这一史实，应该说，以《金刚经》文句作为“话头”提示参究的可能性是很大的，《金刚经集注》所录川禅师语也许正是依据《金刚经》文句进行话头参究的一个实例。

注释

①义净《略明般若末后一颂赞述》，一页。

②龙树《中论颂》，二十六页。

③同上书，二十六页。

④参考《太虚大师选集下》，九十页。

⑤义净《略明般若末后一颂赞述》，一页。

⑥同上注。

⑦无著《能断金刚经论颂》，二页。

⑧世亲《能断金刚经论释》，八页。

⑨同上，十一页。

⑩同上，十六页。

⑪达摩笈多译之《金刚般若波罗蜜经论》(中华大藏经第二十七册，八十五页)。

⑫《成唯识论》，金陵刻经处版，一页、二页。

⑬达摩笈多译之《金刚般若波罗蜜经论》(中华大藏经第二十七册，八十六页)。

⑭义净《略明般若末后一颂赞述》，一页。

⑮无著《能断金刚经论颂》，一页。

⑯同上，五页。

⑰功德施《金刚般若波罗蜜经破取着不坏假名论》，地婆诃罗译(中华大藏经第二十七册，一六一页)。

⑱同上注。

⑲同上注。

⑳朱棣《金刚经集注》，一〇一页。

㉑同上，一四八页。

㉒同上，二二四页。

㉓吉藏《金刚般若疏》(大正三十三　八十八页中)。

㉔《肇论》，金陵刻经处版，十一页。

㉕吉藏《金刚般若疏》(大正三十三　八十八页)。

㉖智顗《金刚般若经疏》(大正三十三　七十六页)。

㉗关于智者大师未实现这一突破的原因，有人认为本疏是智者早年未成熟著作，此亦可备一说。

㉘智顗《金刚般若经疏》(大正三十三　七十五页)。

㉙同上注。

㉚江味农《金刚经讲义》，十三页。

㉛智俨《金刚般若经略疏》，金陵刻经处版，一页。

㉜吉藏《金刚般若疏》(大正三十三　八十八页)。

㉝宗泐如璃《金刚般若波罗蜜经注解》，(大正三十三　二二八页)。

㉞智顗《金刚般若经疏》(大正三十三　八十页)。

㉟无著《能断金刚经论颂》，一页。

㊱参考江味农《金刚经讲义》，十九～三十七页。

㊲朱棣《金刚经集注》，二〇九页。

㊳同上，六十四页。

㊴同上，一六七页。

㊵智顗《金刚般若经疏》(大正三十三　七十五页)。

㊶朱棣《金刚经集注》，二二四页。

㊷《肇论》，十三页。

㊸朱棣《金刚经集注》，七十七页。

㊹同上，一六〇页。

㊺参考《坛经》，一～十五页。

㊻朱棣《金刚经集注》，二页。

㊼同上，一页。

㊽同上，十一页、一一一页。

解说

现代佛学大师太虚曾将全部大乘佛法分为三宗，即般若宗、唯识宗、真如宗。大师说，从究极旨趣而言，三宗所说都是一致的；但从施设言教的着眼点看，三宗之间则不无差别。大乘佛典（如《楞伽经》）将宇宙间的一切存在现象分为三类：

第一类是遍计执的，即是说这类存在现象的存在，是以众生对它们的妄想执着作为依据，其自身则绝对没有任何的存在规定性可言，如龟毛兔角，如病目空花。

第二类是依他起的，即是说这类存在现象的存在，依据的是它们和其他一切存在现象之间的相互关系和相互作用，离开诸存在之间的这种关系和作用，别无其他的自性实体可言。

第三类是圆成实的，即圆满成就的真实存在，是打破一切妄想、执着后呈现出来的一切存在现象的实际情态。

大乘三宗施设言教的着眼点，即有意识地针砭着三类存在现象的不同品性。具体地说，般若宗根据第一类存在现象施设，唯识宗根据第二类存在现象施设，真如宗则根据第三类存在现象施设。

然而，太虚大师说，大乘三宗之间的关系又绝不是相互补足的关系。大乘三宗一方面由于对存在现象的存在特性各别施设，另一方面，三宗又以三种言说方式陈述同一个真理。这意味着，三宗在各自的言说范围内是圆融的、整体的、无缺欠的，其结果是，三宗虽或着眼于某一类别的存在现象，但它必然要以自己独特的方式把其他种类的存在现象统摄进自己的佛法体系。

即以般若宗为例：般若宗处理的是第一类存在现象，这类存在现象按其自身而言绝对没有任何存在的规定性，或者换句话说，它们存在的唯一规定性是众生心理上的妄想执着。

这些妄想执着中最顽固、最难以治愈的是众生我执和法我执。前者是在一切生命现象中执着有主宰性的“我”存在。后者则指在一切存在现象中寻找它区别于其他事物的自身独特性，然后将此种独特性从一切缘起关系中孤立地分割出来、抽离出来，将它予以实体化，把它看成轨持、轨范一事物的实在或本质。

大乘佛法指明，在一切生命现象和非生命现象中寻找实体的努力是徒劳的，然而般若宗尚未到此地步，它不仅指明一切生命现象和非生命现象中都没有实体存在，进而揭明，诸现象间的相互关系、相互作用（依他起）乃至于顺应真理的一切修行功德（圆成实），也绝对没有真实的存在性。

据此，太虚大师乃结论说：对于般若宗来说，“凡名想之所及皆摄入遍计执，唯以绝言无得为依他起、圆成实”。“凡名想之所及皆摄入遍计执”，这就是将遍计执的含义适用范围扩大到了极致。一切存在现象，只要其以某种方式与众生心灵相关，只要此众生心理尚未进行究竟彻底的改造，那么，这些存在现象就是虚妄不真实的，应在彻底破除之列[①]。

太虚大师对般若宗的以上分析无疑为探讨《金刚经》的经义归向提供了重要参证。《金刚经》历来被视为般若学之纲要，因此所谓般若宗以遍计执处理一切存在现象、破斥对一切存在现象的妄想执着，这一“般若纲要”自然也适合对《金刚经》所提示之“金刚智慧”的阐明。

以下我们试图对《金刚经》中的两个重要概念“法”和“相”进行说明，这个说明将会使太虚大师的分析具体化和明朗化。

法、相是金刚经的两个基本概念

一、法。法不仅是《金刚经》中的一个基本概念，而且也是整个佛教的中心概念。法比汉语中的物字含义还要广泛，汉语中的物指宇宙中一切存在现象的存在方面而言，而法字还包含存在现象不存在的规定性，法甚至能指不存在的存在现象（如“空花水月”）。

我们可以用语言概念称说的东西都叫作法，甚至我们对不可称说的东西所进行的任何称说也叫作法，法是一切存在现象的统称，这是佛典中法字的一个最基本用法。对不可称说的东西进行的称说，这在佛典中指的就是佛法。佛法是佛陀经典中的言论、道理或法门，这些言论、道理和法门是根据教化众生的特殊需要施设的。佛法就其存在形式而言是语言，就其所诠说者而言是义理，就其作用而言是法门。

它是一种特殊的存在现象，虽然它还不是真理本身，不是一切存在现象的实际情态，但它是对真理的言说，是引导一切现象的实际情态显现的方法；作为语言的佛法还不是道体，但它是通向道体的道路。这就是佛法一词中法字的特殊含义，是佛典中法字的第二个基本用法。

第三种意义上的法仍然被称作佛法，但这时佛法一词中的“法”字已不再停留于语言、义理或法门的水平上，它超越语言、义理或法门，它是佛陀亲证之法，是佛陀最终在菩提树下觉悟到的终极真实，是存在实态的真正现身，这个意义上的佛法（有时也被称为“法”）才是佛教的命脉所在。

细考《金刚经》的各种用法中，法字的以上三种意义悉皆完备。如说“菩萨于法应无所住行于布施”“一切法无我无人无众生无寿者”两例中，前例菩萨应当不分别执着的“法”指一切存在现象，后例没有自我、他人、众生、一期生命延续不变等身相实体的“法”则指一切存在现象中的生命现象。

前例中用“法”指一切存在现象，这在经文里自有明言，如经中在说“菩萨于法应无所住行于布施”之后，即紧蹑上文说“所谓不住色布施不住声香味触法布施”，这说明上句中的“法”字含义同下句中的“色声香味触法”大略相当。

“六尘”中的“法”字指众生意识活动运用名言概念对一切存在现象进行的概括或规定，它代表存在现象的抽象方面；前五尘则相当于意识活动据以进行的感觉知觉，它代表一切存在现象的具体方面。任何存在现象在人们的意识中存在时，总无非是具体方面和抽象方面的复合，菩萨不应当执着的“法”就是这样一个包罗万象的现象概念。

在“颇有众生于未来世闻说是法生信心不”和“说法者无法可说是名说法”两例中的几个“法”字均指作为语言义理或法门的“法”。这一用法中的“法”由于仍然是菩萨必须舍弃掉的，所以它仍属于存在现象，尽管它在存在现象中占有特殊的地位。

在“如来所说法皆不可取不可说”和“当知是人成就最上第一希有之法”两例中，其“法”字都与作为言说道理的“法”绝对区别开，同时也与作为一切存在现象的“法”绝对区别开。不能言说之法同言说之佛法间的关系极易确定，不能言说之法同一切存在现象之法间的关系如何呢？

这就引出了《金刚经》中一个极为重要又极难了解的概念：非法。经中多次把“非法”和“法”对举，如说“无法相、亦无非法相”“若取法相即着我人众生寿者，若取非法相即着我人众生寿者”“不应取法，不应取非法”“法尚应舍，何况非法”“如来所说法，皆不可取不可说，非法非非法”等等，又明确指出人们有可能把“非法”和身体性命、法这三样东西都作为相状来予以了解，这都说明把“非法”简单地解析为“不存在”或者“空无”是不准确的。

根据大乘佛典的分析，人们对一切存在现象可能进行的抽象有四种：存在存在，存在不存在，存在既存在又不存在，存在非存在非不存在（“四句”）。这就是说，“非存在”同其他三项抽象一样都是存在现象的固有规定性。因此，把“非法”解析为“不存在”就是把“非法”作为“法”的规定性之一，这无疑是错误的。

经中说，法尚且应当舍弃，更何况非法。全经结束部分又明确点醒人们，说生起最高、最圆满觉悟心的人，对于法不应该一切断灭；凡此种种，都提示应走出“法”的视线去理解“非法”。“非法”不是“法”的内在规定，不是存在现象的“不存在”或“空无”，“非法”是一切存在现象的全盘断灭、全盘否定，是绝对空无，是存在向人们显示的另一种图景。

据此，“非法非非法”的意思就是说，真正的“法”（佛亲证之法），它不是一切存在现象，也不是一切存在现象的全盘断灭，“非法”和“法”作为两种世界观使存在显示绝对对立的两种面目。

人类运用感觉知觉意识智力，对存在的认识以两种方式显示出来。

其一，我们以肯定的态度面对存在。我们在感觉知觉的基础上，运用意识和智力进行种种分析、种种综合、种种联想、种种分类，然后再以灵性智力（如“纯粹的知”）进行更高程度的结构化和体系化，像这样最后所得的整个宇宙人生图景叫作“法”。

其二，我们以否定的态度面对存在。我们将一样事物分析至最后，发现它空洞无实，如同剥蕉；我们也可以将一样事物放入重重无尽的缘起关系中，发现在无穷无尽的联系和作用中，这一事物也毫无痕迹地消逝了。重重缘起重重因果的宇宙网络中，没有实体，没有自我，没有特殊性，没有一个规定性能享有自主的存在。这种对一切存在现象的全盘否定叫作“非法”。非法，在佛典里又叫作“断灭空”，佛陀曾将“断灭空”的执着者称为焦芽败种，他们是最彻底的虚无主义者。

如果说，我们的存在图景无论如何不会超过“法”与“非法”两种形式，那么《金刚经》揭示的佛的不可言说之法（真正的法），就是要以超越的立场彻底打破这两种世界图景。真实的世界，它不是众生世俗生命形态中执着的世界，也不是对世俗世界断然抛弃后空空荡荡的绝对虚无主义世界。金刚智慧就是要以对“法”与“非法”一并破斥的方式去发现存在的真正面目。

二、相。相，汉语中这个字可以从被动和主动两个方面来了解。从被动的方面说，相是相貌相状，是某种东西的显现；从主动的方面说，相是“看”的意思。由于相貌相状只对“看”才存在，因此这个词被动和主动两个方面的意义，事实上是二而一的：相状就是造像。

“相”字的这一特殊用法说明了为什么《金刚经》中总是将“法”和“相”两个字连在一起，如说身相、法相、非法相等。简要地说，一切“法”的存在方式是“相”，一切存在现象总是以一种相状存在在人们（众生）的心念中；对一切存在现象的绝对否定（这本来具有正确的成分），本来不能进入人的认识中，因为它连同认识也要加以否定，但是，如果人们把它执着为一种境界、一种终极真理，那么它就仍然是以相的形式存在在虚无主义者的心念中。

因此，如果说，人们可能具有两种错误的存在图景（法，非法），这无异是说，人们以两种错误的方式去“看”存在。存在必然以“相”的形式存在于人们的心念中，这就无异是说，人们总在给存在“造像”。由于人们的“造像”功能不仅有感觉器官的作用，还有知、情、意各种成分的联合参与，这就使得所造之像总有可能偏离存在的本来面目；由于人类生命的知、情、意中，有着与生俱来的种种妄想执着，这就使得所造之像不仅不能反映事物的实情，而且往往从根本上颠倒了事物的实情。

《金刚经》中所说的身相共有四种，即我相、人相、众生相和寿者相。我相指与他人区别开来的自我相状；人相指与我区别开来的他人相状；众生相指各个区别各个独立的众生相状；寿者相指生命一期延续不变的相状。

以上四种身体相状都是因缘而起的东西，要在每一种身相里找到真正的主宰是不可能的，但是人们对生命现象与生俱来的实体执着在人的意识中，对各种身相无不进行本能式的实体化。与身相相似，一切存在现象也都是因缘而起的东西，然而当它们以相状的形式呈现在人的感知意识之中时，人们就把这些相状毫无例外地予以实体化了。

最后，非法，本是为了破斥对一切法的实体执着，然而当它向人的意识呈现时，人们立刻牢牢驻守着它，把它变成了一个“虚无”的实体。

人们对存在的实体执着归根结底是由人们看存在的方式，也就是人们的认知方式决定的。人的一切感知意识结构中，均包含能知与所知两个方面，形成意识结构中牢不可破的二元对立，这一二元对立的意识结构是一切实体执着的真正根基。这就是六祖为什么要从“心有能所”的角度解释各种身相的理由[②]。

《金刚经》在“菩萨不住法布施”后就接着说“菩萨应如是布施，不住于相”，要想使一切存在的实际情态呈现出来，最根本的功夫落实在“相”上，也就是落实在改变意识结构、改变意识结构中固有的能知、所知二元对立上。

《金刚经》反复提示菩萨在生起最高、最圆满的觉悟心时，要发愿度脱一切众生却没有度脱众生之念，要生起最高、最圆满的觉悟心却无生心之念，要广修一切善法却无修善法之念，乃至于在获得最高、最圆满的觉悟时没有获得觉悟之念，陈说佛法时没有陈说佛法之念，等等，这些无不是要在修行人的起心动念处痛加鞭笞，力求在人们意识活动的一切时间、一切地点打破能所对峙，突破对相的分别，并从而突破对法的执着，以期存在的实际情态毫不扭曲地现身。

金刚智慧扫一切相，就是要彻底改造人类意识结构中的二元对立，消除一切妄想、执着的认识根源。

假名的实质内涵

太虚大师在阐述般若宗以破除一切妄想执着作为宗旨时说“凡名想之所及皆摄入遍计执”，这就是说，凡是人们用“名想”可以称说的东西都是般若智慧所要破遣的对象。在太虚大师的这一说法中，名是名相概念；想，按照佛典对人身五蕴的分析，就是取相之意，也就是运用感觉知觉给一切所接触的事物赋予相貌。

名想，就是在感觉知觉构造刺激材料的基础上，进一步对感知对象予以抽象的构造；名想之所及，就是人们通过感知功能和意识功能双重构造后的存在图像。这一图像，一方面反映了被构造者某些方面的内容品性；另一方面，由于这一构造从胚胎直至成形都一直渗入强烈的主观构造成分，所以它已不是被构造者的真实形象了。

凡意识能够构造的一切，按照中观学派的理念就叫作“假名”，在《金刚经》中它们被称作“名”。《金刚经》中著名的“即非，是名”三段论式透彻地显示了“假名”的内涵，在此试举数例予以说明：

> 佛说微尘众，即非微尘众，是名微尘众；
>
> 如来所说三千大千世界，即非世界，是名世界；
>
> 如来说一合相，即非一合相，是名一合相；
>
> 世尊说我见、人见、众生见、寿者见，即非我见、人见、众生见、寿者见，是名我见、人见、众生见、寿者见；
>
> 所言法相者，如来说即非法相，是名法相；
>
> 凡夫者，如来说即非凡夫，是名凡夫；
>
> 众生者，如来说即非众生，是名众生；
>
> 所言一切法者，即非一切法，是名一切法；
>
> 庄严佛土者，即非庄严，是名庄严；
>
> 所言善法者，如来说即非善法，是名善法；

如来说具足色身，即非具足色身，是名具足色身；

如来说诸相具足，即非具足，是名诸相具足；

佛说般若波罗蜜，即非般若波罗蜜，是名般若波罗蜜；

如来说第一波罗蜜，即非第一波罗蜜，是名第一波罗蜜；

忍辱波罗蜜，如来说非忍辱波罗蜜，是名忍辱波罗蜜；

是实相者，即是非相，是故如来说名实相。

以上数例足以显示《金刚经》三段论式的普遍性，而“即非，是名”三段论语例的无限再生恰好足够提醒金刚智慧的独特理念。

即以各语例的具体内容看：前八例分别以假名说明微尘、世界、世界作为统一整体（一合相）、各种身相偏见、一切存在现象的相状、凡夫、众生，以及一切存在现象自身等都不是真实的存在；庄严佛土和善法两例说明一切善良行为没有自身绝对的意义与价值；圆满色身和圆满相貌两例说明佛万劫修行福慧庄严的果报身体，不是佛真正的身体。

般若法门（般若波罗蜜）、最殊胜的法门（第一波罗蜜）、忍辱法门（忍辱波罗蜜）三例说明如来为教化众生而施设的“佛法”，并不是如来亲证之“法”；最后一例说，当我们用语言言说一切存在现象的真正实态（实相）时，这个被言说的“实态”已经不是真正的存在实态了。

那么以上被称为不真实的种种存在现象，是否在其自身中绝对没有任何存在性呢？绝对否定从“法”引导到“非法”，但是我们已经看到，这一从肯定世界观走向否定世界观的思维方式与金刚智慧恰成方枘圆凿。

《金刚经》否定一切存在现象，但它是在超越的立场上进行否定的。经中明确标示“法尚应舍，何况非法”，对“法”与“非法”的一并破斥就过渡到“假名”概念的第二层含义。

经中在谈及修行纲要时说“以无我、无人、无众生、无寿者修一切善法”，这说明“善法”之所以于其自身不被看成具有绝对的价值，其根本原因仍在于一切众生心理上的缺陷，善法本身绝对不是金刚智慧所要破斥的对象。

“善法”是这样，一切存在现象也是这样，凡人类意识可及的一切事物，由于它们无法离开人的构造，人生生命的基本缺陷、基本障碍涌入构造活动的整个过程中，所以一切事物都不具备绝对的意义和真实性。

另一方面，构造者与被构造者一起进入了一个相互联系、相互影响、相互制约的缘起关系之中，这就使得一切事物因而具有特异的规定性和相对的真理性。

僧肇提供了对“假名”观念的另外一种理解，按照中观学派的基本理念，僧肇的这一理解更具有传统性格。僧肇在所著《不真空论》里指出“物从因缘故不有，缘起故不无”，无自性缘起说是他理解“假名”的依据。

僧肇说：如果“有”是真实的有，那么它就不必待缘而有了；如果“无”是真实的无，那它也就不必待缘而无了。一切事物均有“无自性”和“缘起”的两个方面，所以一切事物都是不有不无的。

僧肇说：“欲言其有，有非真生；欲言其无，事象既形；象形不既无，非真非实有，然则不真空义显于兹矣。”[③]僧肇以“不有不无”质定假名，就是要对一切事物进行价值评估时，站在绝对肯定和绝对否定之外的超越立场上。

从这个意义上说，金刚智慧破除一切妄想、执着，就是要以“假名”的善巧态度对待宇宙万物、世界人生。

以金刚智慧破除我执，实现生命的转换

佛典曾说，一切众生，都具有同佛一样的智慧觉性，但是因为妄想、执着，他们却无法把自己的内在觉性开拓出来。佛典所说的妄想、执着中，与我们的五蕴生命

最息息相关的就是我执。

我执就是在我的生命中坚持有一个内在的、常住的、不生灭变化的主宰存在。生命形态可能会有变化，如身体会有衰老，意识会有迟钝，但这个“我”却会贯穿在一切生灭变化之中，从无动摇。人类普遍坚持着自我实体的存在，但是究竟把什么当作自己生命中的主宰实体，不同的人就有不同的看法。

有人把这个“我”看成肉体，有人则把它看成情感意志或认识；有人认为“我”内在于身体性命之中，有人则以为“我”可以离开身体而独存。西方哲人有感于人类意识结构中的二元对峙，他们或把“自我意识”看成人本质的实在，或把一切反思活动进行前的“我思”看成我的实在。现代心理学更在眼、耳、鼻、舌、身、意这六识之外设定潜意识的存在，弗洛伊德的心理学即宣称这存在于表层意识之下的深层意识（潜意识）就是人的“本我”。

事实上，人类的这一切自我执着都如同空花水月，虚幻不实。人的身体是刹那刹那变迁不住的，人的知、情、意也无不随生理和环境的改变而改变。因此，无论是从生理上还是从心理上寻找到的任何自我实体，就其实只是人类意识上的一个自我统觉功能。有人或许就把意识的这一自我统觉功能，也就是意识的自身一致性，视为真实自我。但这也是错误的，因为此种自身一致性也同样随着生理、心理、内外环境的总体变化而变化。

现代人类由于痛切地感觉到人类意识家园的虚幻不实，因而回过头来，希望能从表层意识之下寻找到深度自我。但是，如果说表层意识是“冰山”，深层意识是“大海”，那么这个“冰山”下的“大海”仍然是靠不住的。

首先，深度自我同表层意识之间在内容上是一致的，其差异仅仅在于觉察和不觉察而已；其次，对“深度自我”任何形式的把握都仍然要通过意识来进行，这就是说，所谓深度自我仍然不外是意识的构造物。

根据《金刚经》的提示，以上各种“自我”虽然在含义上千差万别，但它们却拥有一个共同的特征，这就是，它们总是作为一定的相状呈现在人的意识中。

人的意识在这些身体相状上缺乏正确的了解，把它们一个一个予以实体化，这就形成自我存在的牢固偏见。由于人的意识具有二元对立的固有结构，此一自我偏见的形成从认识根源上说是与生俱来的，人后天的生活和学习更无不强化着它。

生命的这一自我实体执着是人类一切痛苦的根源。由于自我实体执着，人永远寻找着自我，却又永远找不到真正持久的自我，于是在与自己的关系中形成内心里永远的不满感、虚无感和紧张感；由于自我实体执着，人与他人之间就有了对峙和仇恨，人把别人的自我领会为是自己不可克服的，于是就需要永远提防他人，他人成了地狱。

自我实体执着往往又以放大的形式表现出来，家庭、团体、组织、国家等均可以作为系列的实体，被人类个体生命加以执着乃至于崇拜，于是在家庭与家庭之间、团体与团体之间、组织与组织之间、国家与国家之间，也形成无休无止的纷争和冲突。最后，个体人放大至极的自我概念是人类，在人类实体这一名义下，人又与其他各种生命和非生命的存在形态形成矛盾和冲突，这种矛盾和冲突在现代社会以生态危机和环境污染等尖锐形式暴露在现代人面前。

大乘佛典指出，即使那些对存在的这一普遍痛苦深有所悟的修道人士，也不易放弃对自我的执着。所谓“非法”，就是对存在的全部放弃，就是断灭一切的空无，但同时这也就是把自我驻守在“空无”境界上再也不走出来。

人类（众生生命）的自我实体执着，尽管是一种完全错误的偏见，但是在生命的日常形式（或者世俗形式）中，此一妄想虚构的自我则往往是一切生命活动的动力根源。人类发自身体、语言、意识的一切动作无不是这一自我的表达；反过来，一切身体、语言和意识的动作结果又无不回转过来巩固着它。佛典把人现在所遭遇的一切看成人自身业力和人类共同业力的结果，这个无穷无尽的绵绵业力便出于自我。

生命由自我出发的一切行为，使生命沦于听凭业力摆布的不自主状态。对于我们的自我和业力来说，我们只是傀儡。《金刚经》说，对于希求生起最高、最圆满觉悟心的善男子、善女人来说，最重要的是“所有一切众生之类，我皆令入无余涅槃而灭度之；如是灭度无量无边众生，实无众生得灭度者”。

虽度而无度，这一方面是从理论上说明一切众生生命因缘无自性的实情，以破除我执；另一方面又从实践上说明菩萨在起心动念的时时处处要着力突破意识结构中的二元对峙，以便清除我执的心理基础。《金刚经》说，只有那些从理论和实践两个方面能真正突破我执系缚的人才“真是菩萨”。

菩萨是觉悟了的有情，他彻底觉悟到自我实体执着的纯粹虚妄性；菩萨又是觉有情者，因为在自身中突破了不自主的业力根源，乃能使生命活动以自主自觉的崭新形式表现出来。

以金刚智慧成就圆满人格

近代佛学大师太虚在其有关“人生佛教”的理念探索中，思考了国民道德和人格问题。太虚大师的基本看法是，应该以佛法重建国民道德；佛教之所以长期以来只谈成佛不谈做人，其良苦用心是在于避免与儒家发生冲突，事实上在佛教的整个思想体系中包含有“人天乘”在内，而“人天乘”谈的就是道德践履和人格完善。太虚的名言是“仰止唯佛陀，完成在人格，人圆佛即成，是名真现实”④。人格培养问题构成“人生佛教”最基本的思考路向。

再以《金刚经》注疏源流论，近人江味农从经文中拈出“无住生心”四字，认为这四个字比智顗（据《辞海》）的“见诸相非相”更得金刚智慧之精髓。从语例看，“无住生心”四字重心落在“生心”二字上，这表明江味农是从更加积极的角度去谈论远离有无二边的。他不再把金刚智慧仅仅视为一种静态的心理锻炼方法，而是侧重揭明金刚智慧对于日常一切行为的指导功能；在这个意义上，无住生心的金刚智慧也就是智慧与慈悲并举，智慧与慈悲打成一片。

江味农所说，以另一种方式暗示了人生问题的重要，就思维路向的总体趋势看，他和太虚大师的想法是一致的。

以佛法重建国民道德，以佛法培养完善人格，这事实上就是要以金刚智慧陶铸圆满人生。

人类的人格倾向大致说来不外乎三类：

其一是伦理人格：这种人格把人的发展同伦理关怀紧密结合起来，要求人们按照世间流行的价值规范去为善祛恶。

其二是淡泊人格：这种人格对世间伦理价值标准或者赞同，或者否定，但均无一例外地把人格问题首要地看成培养淡泊情怀的问题。

其三是近现代由伦理人格发展出来的主义人格：这种人格从对世界的一整套哲学观念出发，它按照主义的基本要求以既定模式去裁剪生命。

从佛法立场考虑，以上三种人格观念具有一些共同的缺陷：首先，世间的各种人格培养最后都只能造就出“封闭”的人格形象。无论是伦理人格还是主义人格，都以一种或几种抽象原则作为铸造人格的基石，人格发展的一切内容由此出发又还归于此，这就把人格建设的诸多其他可能抹杀掉了。

世间淡泊情怀之人格虽然往往能超脱于伦理与主义的狭隘标准之上，但它使生命持久地驻守在某一境界上，一切行为都受此一境界的支配和调剂，因此从根本上说，这种人格也是封闭的。

世间各种人格的第二个缺陷是，它们都不能给人格主体带来真正的安乐和幸福。世间人格培养归根到底是不离我执的，所以虽然人格观念可以表现得千姿百态，但各种观念之下无不隐伏着与自己、与他人、与内外一切环境进行争斗这一不变的基调。人生一切发展和成就往往以压迫他人、牺牲他人作为代价，同时也以牺牲自己的真实本性智慧、觉性为代价，这就使得人格主体缺乏生命的内在自信自足感。

《金刚经》以智慧与慈悲融成一片，乃能彻底突破世间的人格樊篱。智者大师在考虑《金刚经》提示一切众生的修行纲领时说，“约无相之智修离相之檀”，正是这一纲领。

无著最先指出，《金刚经》中所说的“布施”，事实上统摄了大乘六度。江味农依此将智者的话发挥成“离一切相，修一切善”。离一切相，这就是要在人生的一切践履中突破妄想、执着；修一切善，这就是要让心灵对一切众生最大程度最敏感地打开。离相而修善，修善而离相，这就是要把慈悲与智慧融成一片，在世间创造出圆满的人格。

《金刚经》中把珍宝布施同读诵受持《金刚经》反复比较，说珍宝布施的福德果报同受持经典的福德果报远远不可比拟。这是不是说珍宝布施这一利他行为不重要呢？不是的。《金刚经》较量功德意在说明，只有把“无住生心”的金刚智慧融入一切利他行为，才能使利他成为有绝对价值的利他，同时使利他成为真正的自利。

以“无住生心”的金刚智慧融入利他的一切善行中，智慧与慈悲打成一片，这一方面能突破世间伦理规范、道德善恶抽象原则等之封闭拘束，而使人格发展拥有最广泛的开放性；另一方面由于突破了人我自他的对峙和紧张，这就使得人格践履的一切时间和一切地点都拥有自信和幸福。

以金刚智慧突破文化的封着

文化，就其广义说，指人类共同业力改造世界的成果，包括物质文明和精神文明两个方面；就其狭义说，文化指精神文明。如果对人类的精神文明进行更深刻的分剖，我们将会发现，精神文明中的哲学和宗教才真正是文化中起重大作用的根本性的东西。做一个文化人，这意思在很大程度上就是成为一种哲学或一种宗教的信徒。

哲学和宗教，就其最深的意蕴讲，它们是对存在的态度或看法，哲学和宗教的整套体系都由它们面对存在的基本态度演历而成。

然而，任何一种哲学体系，任何一种宗教体系看待存在的方式，无不受其方法论和先行偏见之影响，因此哲学家和宗教家往往只看到存在的某一面目。哲学和宗教把自己看到的存在面目视为存在的最真实面目，把由此敷衍的整套体系视为最高真理。

《金刚经》把一切存在现象都视为“假名”，存在的任何显现都离不开因果网络系统。同样，各种哲学、各种宗教对存在的原初态度在其形成上经历了诸多因缘条件的缘起作用。

以希伯来人的犹太教为例，希伯来人把上帝耶和华看成拯救者，这是希伯来人对存在的最根本态度。对希伯来人古代历史的系统考察说明这一典型的犹太观念主要来源于寄居埃及的奴隶体验、埃及人的压迫、逃离埃及过程中艰难困苦的感受等诸多因缘条件，甚至还可以进一步追溯犹太人远古时代的游牧生活，等等。正是这一切最终成就了“上帝拯救以色列人”这一犹太教纲骨。同一时间的埃及神灵就绝对不具有拯救者的特性，同一时间巴勒斯坦土著民族的上帝则主要代表生命、生育等。

这些例子说明了犹太教只是看待存在的一种方式，是存在显现的一种方式，犹太人看到了存在的某一方面，这正如当时中东的农业民族看到存在的另一方面一样，因此，犹太教只是一个“假名”。

广而言之，一切宗教与哲学，乃至于一切人类文化也只是假名。一方面，它们总对存在有所揭示；另一方面，哲学和宗教始终只陈述部分真理。

《金刚经》所揭示的佛教智慧为什么与人类的各种宗教和哲学大不相同呢？在近代，梁漱溟和太虚大师都曾把佛教放在人类文化这个大系统里予以考察，他们都把佛教视为人类文化的一种形式，但佛教却是人类文化大系统中最为特殊的形式。

佛教是人对人自身的文化，这意思是说，佛教在去看存在之前，先把精神气力集中在众生生命的内部，它首先要致力发掘出生命的病根，这样随后才有可能对存在的真实透视获得新眼光。

金刚智慧就是对生命基本病根予以彻底治愈的智慧。以金刚智慧破除我执的结果，是在认识发生的至深根源处彻底解除了偏见。佛的智慧之所以比任何其他的哲学和宗教都更拥有超越的优势，理由就在于佛法看待存在的方法。佛教破除一切自我实体执着，使它看待存在的方法成为一个绝对没有方法的方法，绝对没有偏见的看见，所以它能突破内外因缘条件的种种局限而径直迫向存在本身。

总体来说，以金刚智慧突破文化的封着，就是要以假名的态度看待人类文化的诸多形态。一方面，我们要深知各种文化形式对于昭示存在无不拥有创见、意义和价值，以建立佛教智慧与其他各种文化的对话基础；另一方面，我们更要以彻底的佛教智慧超越一切文化而方便包容统摄之。

以金刚智慧突破对佛法的封着

佛法一词有两方面的含义：一是佛所言说之法，二是佛亲证之法。佛所言说之法是佛（包括佛弟子）对一切现象的实际情态所作的方便陈述；亲证之法则是佛亲自证会的存在实态本身，是超越的事实和真理。

《金刚经》说明，被陈述的存在实态已经不是真正的存在实态了，相对于真正的存在实态而言，被陈说的存在实态只拥有"假名"的存在。《金刚经》的这一说法，说明存在的真正实态，是超越于语言的。佛所言说之法就其存在形式而论，是语言义理或法门，语言义理或法门虽与存在实态亲密相关，但却绝非存在实态本身。《金刚经》说"佛法者即非佛法"，彰彰昭示言说之法与亲证之法的本质区别。这一事实已充分说明突破语言系统之佛法透入超语言系统之佛法的绝对必要性。

必须突破言说佛法的第二个理由是，言说佛法虽然作为"符号"指向亲证佛法，但言说佛法的成立还必须考虑施设言教的根性机缘。佛典说，佛所施设的各个法门是针对众生的种种病因和欲望因病施药、因材施教的，不仅大乘佛说的各个方面适应着不同的宣教对象和宣教目的，甚至风格上有着重大差异的大乘佛说与小乘佛说二者之间的关系，也应在众生根性的差异这一着眼点上得到说明。

事实上，一切佛说之根本旨趣并不在于指向真理，而在于打破众生心性上的病态执着，八万四千法门之所以都是引向佛的道路，其根本理由就在于它们各自以不同的方式解除了众生心理上的某种病态。这一教起因缘已充分证明诸多言说之佛法是有针对性的，它不是对一切时间、一切地点的所有众生都普遍适用的，这就是说，言说之佛法具有因缘而起的性质，因此也必须以“假名”的态度看待它。

必须突破言说之佛法的第三个理由是，对于佛说的信奉者来说，言说之佛法永远面临被体系化、封固化、实体化的可能性。在这里，佛说同其他一切宗教系统和哲学系统的言说一样，可能会被规范化、形式化，而信奉者却并不知言说背后的真实意义。

严格说来，一切佛说，与其说是在建立体系，不如说是在打破一切体系；与其说是在提供一种智慧，不如说是在打破各种智慧。当人们泛泛地把佛陀言教看成一种文化体系时，佛说对一切文化体系的突破功能就没有真正得到认识。因此，只有以“假名”的态度看待文化的、体系的佛说，才能发现佛法对一切文化的突破意义，避免把佛说仅仅看成一种文化形态的实体化后果。

最后，根据佛典的观念，佛以一音演说法，众生随类各得解，因此言说佛法的符号可能是语言文字，也可能是山河大地、翠竹黄花。在语言文字中，它可能是梵文，也可能是汉语或英语。因此只有突破对言说佛法现行符号的封着，才能为佛法发现新的言说符号。历史上佛法言说符号的重大转变往往是佛法新生命的开始。

以金刚智慧突破法执，实现生命的圆满自由

佛典说，人类心理上的最重要执着，我执之外，就是法执。所谓法执指我们面对世界时一种本能的认识倾向，我们总是把我们的认识对象想象成一个实体。一切有形事物、无形事物，一切具有存在性的事物和根本不存在的事物，一旦它们进入人的意识中，它们就必然被看成一个自身一致、自身统一的规定性，这就是法执。

佛典又把这种法执称为“所知障”，就是说，它障碍了人们对存在的认识，它使人们无法窥见存在之实际情态。同“我执”相比，“法执”是一种更细微，更难以突破的烦恼，比较粗糙的我执是容易突破的，但是比较粗糙的法执是难以突破的。

佛灭后的印度小乘师认为三世实有，他们把时间分析到最小的单位，发现过去、现在和未来三个时间点是真实存在着的。他们也将有形的实物世界分析至最小单位：极微。他们说有形世界是不真实的，但是构成有形世界的最小元素（极微）则真实存在。印度小乘师对人生生命也采取了同一态度，人生生命由色、受、想、行、识这五蕴构成，因此自我实体是不存在的，但是这些构成人生生命的诸种元素则真实存在。

印度小乘师提供的上述观念表明他们对于宇宙人生并未放弃最后的法执。同印度小乘相似，近现代的西方自然科学学说从其来源说也正建立在世界实有这一典型的法执偏见之上。

西方自然科学最典型的操作工具是分析方法，在对物理、生理、心理这构成世界的三个基本成分进行研究时，它们的分析方法，旨在把所认识的对象拆成一个一个之元素，一截一截之断片，在这种思维方法和操作工具之下，甚至人类心理也被看成知、情、意各元素的组合，而每一种元素又可找到更精细、更复杂的组合元素来。

对存在现象的这种本能法执不仅障碍了人类对存在现象的正确体认，而且也障碍了人类认识能力最充分最圆满的发挥。必须以金刚智慧突破此种法执，使人的认识能力发生突变，在此基础上我们对存在的体认也将深有所进。

《金刚经》指明了打破“法执”的方法，它说：“一切有为法，如梦幻泡影，如露亦如电，应作如是观。”这就是要人们面对认识对象时，能够恒常细心地体会一切存在现象暂生暂灭、方生方灭的本性；《金刚经》说，如果我们对一切存在现象能恒常持续地以此种方式予以了解，在一切时间、一切地点以此种方式予以了解，在起心动念的任何瞬间以此种方式予以了解，那么，我们的本能法执最终将被突破，我们将会“如如不动”，这就是说，我们相应了不生不灭的存在本性，我们将生命从狭隘、偏执、封着和沦没中提升出来，这就实现了圆满的自由。

注释

①《太虚大师选集下》，九十一页。

②朱棣《金刚经集注》，三十六页。

③《肇论》，金陵刻经处版，十页。

④《太虚大师选集下》，二一三页。

附录

1 《金刚经》罗什、玄奘二译对勘及梵本新译

程恭让

一、引言

本文在进行《金刚经》新旧译对勘时，共参考以下七种《金刚经》汉语古译本：

（1）《金刚般若波罗蜜经》，姚秦·鸠摩罗什译，大正藏第 8 册，No. 0235；

（2）《金刚般若波罗蜜经》，元魏·菩提流支译，大正藏第 8 册，No. 0236a；

（3）《金刚般若波罗蜜经》，元魏·菩提流支译，大正藏第 8 册，No. 0236b。

（4）《金刚般若波罗蜜经》，陈·真谛译，大正藏第 8 册，No. 0237；

（5）《金刚能断般若波罗蜜经》，隋·笈多译，大正

藏第 8 册，No. 0238；

（6）《大般若波罗蜜多经》卷第五百七十七《第九能断金刚分》，唐·玄奘译，大正藏第 7 册，No. 0220；

（7）《佛说能断金刚般若波罗蜜多经》，唐·义净译，大正藏第 8 册，No. 0239。

而在《金刚经》梵本参考文献方面，我们主要参考以下七种著作：

（1）缪勒本：

Vajracchedikāprajñpāramitāsūtra，ed.by F.Max Müller，Anecdota Oxoniensia，Aryan Series，vol.1，part 1，1881. Text pp.19-46.

（2）中亚本：

F. E. Pargiter 编，收于 A. F. R. Hoernle 编：Manuscript Remains of Buddhist Literature Found in Eastern Turkestan. 1916，pp.176-195.

（3）吉尔吉特本：

N. P. Chakravarti 编，收于 G. Tucci 编：Minor Buddhist Texts，part 1. Serie Orientale Roma IX. Roma，Is. M. E. O. 1956. pp. 175-192.

（4）孔泽本：

Edward Conze 编译，收于 Vajracchedikā Prajñāpāramitā.

Serie Orienetale Roma X Ⅲ Roma，Is.M. E. O. 1957，pp.27-63.

（5）维迪雅本：

Vajracchedikā Prajñāpāramitā，涵于 Mahāyāna-sūtra-saṁgrahaḥ (part 1)，Editor：Vaidya，P.L，Publisher：The Mithila Institute of Post-Graduate Studies and Research in Sanskrit Learning Place of Publication：Darbhanga Year：1961.pp.75-89.

（6）许洋主:《梵文佛典翻译与文法解析 金刚能断般若波罗蜜多经》，绿林寮有限公司，2014 年 12 月初版。

（7）许洋主:《新译梵文佛典 金刚般若波罗蜜经》，共五册，如实出版社，1995。

以上七本中，因为维迪雅本较为晚出，已经吸纳前人多种梵本校勘的成就，所以我们这次在《金刚经》罗什、玄奘二译对勘及梵本新译时，就以这种梵本校刊本作为底本，同时吸收其他梵本校勘的成果。

许洋主先生新编的《梵文佛典翻译与文法解析 金刚能断般若波罗蜜多经》，是对其 1995 年出版的五册《新译梵文佛典 金刚般若波罗蜜经》之第二册所作的修订。其五册巨著《新译梵文佛典 金刚般若波罗蜜经》，中间详细收罗了前四种梵本《金刚经》。故为方便计，我们这个研究凡引用前四种梵本时，均直接引用许先生的这部鸿著。

自马克思·缪勒以来，《金刚经》梵本校勘者，都引入相传为梁昭明太子所制《金刚经》三十二分的分段方式。维迪雅本同样如此，我们现在也沿用之。

二、《金刚经》罗什、玄奘二译对勘及梵本新译

Vajracchedikā nāma triśatikā prajñāpāramitā|

|namo bhagavatyā āryaprajñāpāramitāyai||

【罗什】

金刚般若波罗蜜经

【玄奘】

大般若波罗蜜多经卷第五百七十七

第九能断金刚分

【新译】

名为“金刚能断”的三百颂般若波罗蜜多

向吉祥圣般若波罗蜜多敬礼！

evaṃ mayā śrutam| ekasmin samaye bhagavān śrāvastyāṃ viharati sma jetavane'nāthapiṇḍadasyārāme mahatā bhikṣusaṃghena sārthaṃ trayodaśabhir［参考罗什本，玄奘本，及缪勒本编校的梵本，此处应当改为：ardhatrayodaśabhir。］bhikṣuśataiḥ saṃbahulaiśca bodhisattvairmahāsattvaiḥ| atha khalu bhagavān pūrvāhṇakālasamaye nivāsya pātracīvaramādāya śrāvastīṃ mahānagarīṃ piṇḍāya prāvikṣat|atha khalu bhagavān śrāvastīṃ mahānagarīṃ piṇḍāya caritvā kṛtabhaktakṛtyaḥ paścādbhaktapiṇḍapātapratikrāntaḥ pātracīvaraṃ pratiśāmya pādau prakṣālya nyaṣīdatprajñapta evāsane paryaṅkamābhujya ṛjuṃ kāyaṃ praṇidhāya pratimukhīṃ smṛtimupasthāpya| atha khalu saṃbahulā bhikṣavo yena bhagavāṃstenopasaṃkrāman| upasaṃkramya bhagavataḥ pādau śirobhirabhivandya bhagavantaṃ triṣpradakṣiṇīkṛtya ekānte nyaṣīdan||1||

【罗什】

如是我闻：一时，佛在舍卫国祇树给孤独园，与大比丘众千二百五十人俱。尔时，世尊食时，着衣，持钵，入舍卫大城，乞食。于其城中，次第乞已，还至本处。饭食讫，收衣钵，洗足已，敷座而坐。

【玄奘】

如是我闻：一时，薄伽梵在室罗筏住誓多林给孤独园，与大苾刍众千二百五十人俱。尔时，世尊于日初分，整理裳服，执持衣钵，入室罗筏大城，乞食。时，薄伽梵于其城中行乞食已，出还本处，饭食讫，收衣钵，洗足已，于食后时，敷如常座，结跏趺坐，端身正愿，住对面念。时，诸苾刍来诣佛所，到已，顶礼世尊双足，右绕三匝，退坐一面。

【新译】

我曾经这样听闻：有个时期，薄伽梵曾与一千二百五十位大比丘团体，及许多的菩萨摩诃萨一起，住在舍卫城有祇陀树的给孤独园中。

当时，在晨朝时，薄伽梵穿好衣裳，带上饭钵和衣服，进入舍卫大城乞食。

当时，他游行于舍卫大城乞食，乞得食物后回到本处，吃了食物，收拾好衣服及饭钵，洗了脚，结跏趺坐，将身体调整端正，使得意念成为当下的状态，坐在已经铺设的座位上。

许多比丘来到薄伽梵的面前。来了之后，顶礼薄伽梵的双脚，对薄伽梵三次右绕，然后他们坐在一旁。

tena khalu punaḥ samayenāyuṣmān subhutistasyāmeva parṣadi saṃnipatito'bhūtsaṃniṣaṇṇaḥ| atha khalvāyuṣmān subhūtirutthāyāsanādekāṃsamuttarāsaṅgaṃ kṛtvā dakṣiṇaṃ jānumaṇḍalaṃ pṛthivyāṃ pratiṣṭhāpya yena bhagavāṃstenāñjaliṃ praṇamya bhagavantametadavocat-āścaryaṃ bhagavan, paramāścaryaṃ sugata, yāvadeva tathāgatenārhatā samyaksaṃbuddhena bodhisattvā mahāsattvā anuparigṛhītāḥ parameṇānugraheṇa| āścaryaṃ bhagavan yāvadeva tathāgatenārhatā samyaksaṃbuddhena bodhisattvā mahāsattvāḥ parīnditāḥ paramayā parīndanayā| tatkathaṃ bhagavan bodhisattvayānasaṃprasthitena kulaputreṇa vā kuladuhitrā vā sthātavyaṃ kathaṃ pratipattavyaṃ kathaṃ cittaṃ pragrahītavyam ?

evamukte bhagavānāyuṣmantaṃ subhūtimetadavocat-sādhu sādhu subhūte, evametatsubhūte, evametadyathā vadasi| anuparigṛhītāstathāgatena bodhisattvā mahāsattvāḥ parameṇānugraheṇa| parīnditāstathāgatena bodhisattvā mahāsattvāḥ paramayā parīndanayā| tena hi subhūte śṛṇu, sādhu ca suṣṭhu ca manasi kuru, bhāṣiṣye'haṃ te-yathā bodhisattvayānasaṃprasthitena sthātavyaṃ yathā pratipattavyaṃ yathā cittaṃ pragrahītavyam| evaṃ bhagavan ityāyuṣyān subhūtirbhagavataḥ pratyaśrauṣīt||2||

【罗什】

时，长老须菩提在大众中，即从座起，偏袒右肩，右膝着地，合掌恭敬，而白佛言："希有，世尊！如来善护念诸菩萨，善付嘱诸菩萨。世尊！善男子、善女人，发阿耨多罗三藐三菩提心，应云何住？云何降伏其心？"佛言："善哉，善哉，须菩提！如汝所说：'如来善护念诸菩萨，善付嘱诸菩萨。'汝今谛听，当为汝说。善男子、善女人，发阿耨多罗三藐三菩提心，应如是住，如是降伏其心。""唯然，世尊！愿乐欲闻。"

【玄奘】

具寿善现亦于如是众会中坐。尔时，众中具寿善现，从座而起，偏袒一肩，右膝着地，合掌恭敬，而白佛言："希有，世尊！乃至如来、应、正等觉，能以最胜摄受摄受诸菩萨摩诃萨，乃至如来、应、正等觉，能以最胜付嘱付嘱诸菩萨摩诃萨。世尊！诸有发趣菩萨乘者，应云何住？云何修行？云何摄伏其心？"作是语已，尔时，世尊告具寿善现曰："善哉，善哉，善现！如是，如是，如汝所说，乃至如来、应、正等觉，能以最胜摄受摄受诸菩萨摩诃萨，乃至如来、应、正等觉，能以最胜付嘱付嘱诸菩萨摩诃萨。是故，善现！汝应谛听，极善作意，吾当为汝分别解说，诸有发趣菩萨乘者，应如是住，如是修行，如是摄伏其心。”具寿善现白佛言：“如是，如是，世尊！愿乐欲闻。”

【新译】

再者，在那个时候，长老须菩提曾经来到大众中坐下。

当时，长老须菩提从座位起来，将上衣置于一肩，右膝跪在地上，对薄伽梵合掌礼敬，然后对薄伽梵说：

“（此事）很稀奇，薄伽梵啊！（此事）极为稀奇，善逝啊！即如来、阿罗汉、正确觉悟者，以最高的摄受，摄受了诸菩萨摩诃萨。

（此事）很稀奇，薄伽梵啊！即如来、阿罗汉、正确觉悟者，以最高的嘱咐，嘱咐了诸菩萨摩诃萨。

那么，薄伽梵啊！一个趋向菩萨乘的善男子或善女人，应当如何安住，如何修行，如何摄伏其心呢？”

这样说罢，薄伽梵对长老须菩提说：“太好了，太好了，须菩提啊！此事如此，须菩提啊！此事如此，正如你所说：‘如来以最高的摄受，摄受诸菩萨摩诃萨；如来以最高的嘱咐，嘱咐诸菩萨摩诃萨。’

那么，须菩提啊！请你谛听，请你好好地、极好地作意思维，我要给你讲：一个趋向菩萨乘的善男子或善女人，应当怎样安住，怎样修行，怎样摄伏其心。”

长老须菩提答：“是的，薄伽梵啊！”长老须菩提就倾听薄伽梵。

bhagavānasyaitadavocat-iha subhūte bodhisattvayāna saṃprasthitenaiva cittamutpādayitavyam-yāvantaḥ subhūte sattvāḥ sattvadhātau sattvasaṃgraheṇa saṃgṛhītā aṇḍajā vā jarāyujā vā saṃsvedajā vā aupapādukā vā rūpiṇo vā arūpiṇo vā saṃjñino vā asaṃjñino vā naivasaṃjñino nāsaṃjñino vā, yāvān kaścitsattvadhātuḥ prajñapyamānaḥ prajñapyate, te ca mayā sarve'nupadhiśeṣe nirvāṇadhātau parinirvāpayitavyāḥ| evamaparimāṇānapi sattvān parinirvāpya na kaścitsattvaḥ parinirvāpito bhavati| tatkasya hetoḥ?sacetsubhūte bodhisattvasya sattvasaṃjñā pravarteta, na sa bodhisattva iti vaktavyaḥ| tatkasya hetoḥ? na sa subhūte bodhisattvo vaktavyo yasya sattvasaṃjñā pravarteta, jīvasaṃjñā vā pudgalasaṃjñā va pravarteta||3||

【罗什】

佛告须菩提：“诸菩萨摩诃萨应如是降伏其心：‘所有一切众生之类，若卵生、若胎生、若湿生、若化生，若有色、若无色，若有想、若无想、若非有想非无想，我皆令入无余涅槃而灭度之。如是灭度无量无数无边众生，实无众生得灭度者。’何以故？须菩提！若菩萨有我相、人相、众生相、寿者相，即非菩萨。”

【玄奘】

佛言：“善现！诸有发趣菩萨乘者，应当发起如是之心：‘所有诸有情，有情摄所摄，若卵生、若胎生、若湿生、若化生，若有色、若无色，若有想、若无想，若非有想非无想，乃至有情界施设所施设：如是一切，我当皆令于无余依妙涅槃界而般涅槃；虽度如是无量有情令灭度已，而无有情得灭度者。’何以故？善现！若诸菩萨摩诃萨有情想转，不应说名菩萨摩诃萨。所以者何？善现！若诸菩萨摩诃萨不应说言有情想转，如是命者想、士夫想、补特伽罗想、意生想、摩纳婆想、作者想、受者想转，当知亦尔。何以故？善现！无有少法名为发趣菩萨乘者。”

【新译】

薄伽梵对这位长老说：“在这里，须菩提啊！一个趋向菩萨乘的善男子或善女人，须菩提啊！应当这样生心：‘只要是众生们，是在‘众生’这种类别中以‘众生’这种范畴可以概括的——或者是胎生者，或者是卵生者，或者是湿生者，或者是化生者；或者是有色者，或者是无色者；或者是有想者，或者是无想者，或者是非有想非无想者——只要被指认的任何众生类别被人们所指认：我要让所有这些众生都灭度于无余依涅槃界中。而且，在这样灭度无量的众生们之后，也没有任何一个众生成为被灭度者。'

"这是为什么呢？须菩提啊！假使一个菩萨还会有关于众生的观念生起，那么这个菩萨就不应当被称为所谓'菩萨'了。

"为什么呢？须菩提啊！凡是一个菩萨还会有关于众生的观念生起，还会有关于命者的观念，或者关于补特伽罗的观念生起，那么这个菩萨就不应当被称为所谓'菩萨'。"

api tu khalu punaḥ subhute na bodhisattvena vastupratiṣṭhitena dānaṃ dātavyam, na kvacitpratiṣṭhitena dānaṃ dātavyam| na rūpapratiṣṭhitena dānaṃ dātavyam| na śabdagandharasaspraṣṭavyadharmeṣu pratiṣṭhitena dānaṃ dātavyam| evaṃ hi sūbhūte bodhisattvena mahāsattvena dānaṃ dātavyaṃ yathā na nimittasaṃjñāyāmapi pratitiṣṭhet| tatkasya hetoḥ? yaḥ subhūte bodhisattvo'pratiṣṭhito dānaṃ dadāti, tasya subhūte puṇyaskandhasya na sukaraṃ pramāṇāmudgrahītum| tatkiṃ manyase subhūte sukaraṃ pūrvasyāṃ diśi ākāśasya pramāṇamudgrahītum ? subhūtirāha-no hīdaṃ bhagavan| bhagavānāha- evaṃ dakṣiṇapaścimottarāsu adha ūrdhvaṃ digvidikṣu samantāddaśasu dikṣu sukaramākāśasya pramāṇamudgrahītum ? subhūtirāha-no hīdaṃ bhagavan| bhagavānāha-evameva subhūte yo bodhisattvo'pratiṣṭhito dānaṃ dadāti, tasya subhūte puṇyaskandhasya na sukaraṃ pramāṇamudgrahītum| evaṃ hi subhūte bodhisattvayānasaṃprasthitena dānaṃ dātavyaṃ yathā na nimittasaṃjñāyāmapi pratitiṣṭhet||4||

【罗什】

“复次，须菩提！菩萨于法，应无所住，行于布施，所谓不住色布施，不住声、香、味、触、法布施。须菩提！菩萨应如是布施，不住于相。何以故？若菩萨不住相布施，其福德不可思量。须菩提！于意云何？东方虚空可思量不？”“不也，世尊！”“须菩提！南、西、北方、四维、上、下虚空，可思量不？”“不也，世尊！”“须菩提！菩萨无住相布施，福德亦复如是不可思量。须菩提！菩萨但应如所教住。”

【玄奘】

“复次，善现！菩萨摩诃萨不住于事应行布施，都无所住应行布施，不住于色应行布施，不住声、香、味、触、法应行布施。善现！如是菩萨摩诃萨如不住相想应行布施。何以故？善现！若菩萨摩诃萨都无所住而行布施，其福德聚不可取量。”佛告善现：“于汝意云何？东方虚空可取量不？”善现答言：“不也，世尊！”“善现！如是南、西、北方、四维、上、下，周遍十方一切世界虚空，可取量不？”善现答言：“不也，世尊！”佛言：“善现！如是，如是。若菩萨摩诃萨都无所住而行布施，其福德聚不可取量，亦复如是。善现！菩萨如是如不住相想应行布施。”

【新译】

（薄伽梵说：）“再者，须菩提啊！一个依赖事物的菩萨，不能实行布施；一个依赖任何场所的菩萨，不能实行布施；一个依赖色的菩萨，不能实行布施，一个依赖声、香、味、触、法的菩萨，不能实行布施。

“因为，须菩提啊！就如甚至不会依赖关于事相的观念，一个菩萨摩诃萨像这样能实行布施。

“这是为什么呢？须菩提啊！若一个无所依赖的菩萨实行布施，那么，须菩提啊！人们就不容易把握这个菩萨福德的数量。

“须菩提啊！你心里怎么想呢？人们容易把握东方虚空的数量吗？”

须菩提答："确实，薄伽梵啊！没有这回事。"

薄伽梵问："同样，须菩提啊！人们容易把握南、西、北，下、上，诸方及诸维这周遍十方的虚空的数量吗？"

须菩提答："确实，薄伽梵啊！没有这回事。"

"薄伽梵说："正是同样，须菩提啊！若是一个无所依赖的菩萨实行布施，那么，须菩提啊！人们不容易把握这个菩萨的福德的数量。

"确实，须菩提啊！一个趋向菩萨乘的善男子或善女人，如甚至不会依赖关于事相的观念，像这样能实行布施。"

tatkiṃ manyase subhūte lakṣaṇasaṃpadā tathāgato draṣṭavyaḥ? subhūtirāha-no hīdaṃ bhagavan| na lakṣaṇasaṃpadā tathāgato draṣṭavyaḥ| tatkasya hetoḥ? yā sā bhagavan lakṣaṇasaṃpattathāgatena bhāṣitā saivālakṣaṇasaṃpat| evamukte bhagavānāyuṣmantaṃ subhūtimetadavocat yāvatsubhūte lakṣaṇasaṃpat tāvanmṛṣā, yāvadalakṣaṇasaṃpat tāvanna mṛṣeti hi lakṣaṇālakṣaṇatastathāgato draṣṭavyaḥ||5||

【罗什】

"须菩提！于意云何？可以身相见如来不？""不也，

世尊！不可以身相得见如来。何以故？如来所说身相，即非身相。”佛告须菩提：“凡所有相，皆是虚妄。若见诸相非相，则见如来。”

【玄奘】

佛告善现：“于汝意云何？可以诸相具足观如来不？”善现答言：“不也，世尊！不应以诸相具足观于如来。何以故？如来说诸相具足即非诸相具足。”说是语已，佛复告具寿善现言：“善现！乃至诸相具足皆是虚妄，乃至非相具足皆非虚妄，如是以相、非相应观如来。”

【新译】

（薄伽梵说：）“须菩提！你心里怎么想呢？可以根据具足诸相看待如来吗？”

须菩提答：“确实，薄伽梵啊！没有这回事，不可以根据具足诸相看待如来。为什么呢？薄伽梵啊！凡是如来所说的具足诸相，就是非具足诸相。

这样说罢，薄伽梵对长老须菩提说：“须菩提啊！的确，‘只要是具足诸相，就是虚妄；只要是非具足诸相，则非虚妄’。因此应当根据诸相即非诸相看待如来。”

evamukte āyuṣmān subhūtirbhagavantametadavocat-asti bhagavan| kecitsattvā bhaviṣyantyanāgate'dhvani paścime kāle paścime samaye paścimāyāṃ pañcaśatyāṃ saddharmavipralopakāle vartamāne, ye imeṣvevaṃrūpeṣu sūtrāntapadeṣu bhāṣyamāṇeṣu bhūtasaṃjñāmutpādayiṣyanti| bhagavqnqha mq subhūte tvam evaṃ vocaḥ asti kecitsattvā bhaviṣyantyanāgate'dhvani paścime kāle paścime samaye paścimāyāṃ pañcaśatyāṃ saddharmavipralopakāle vartamāne, ye imeṣvevaṃrūpeṣu sūtrāntapadeṣu bhāṣyamāṇeṣu bhūtasaṃjñāmutpādayiṣyanti|api tu khalu punaḥ subhūte bhaviṣyantyanāgate'dhvani bodhisattvā mahāsattvāḥ paścime kāle paścime samaye paścimāyāṃ pañcaśatyāṃ saddharmavipralope vartamāne guṇavantaḥ śīlavantaḥ prajñāvantaśca bhaviṣyanti, ye imeṣvevaṃrūpeṣu sūtrāntapadeṣu bhāṣyamāṇeṣu bhūtasaṃjñāmutpādayiṣyanti| na khalu punaste subhūte bodhisattvā mahāsattvā ekabuddhaparyupāsitā bhaviṣyanti, naikabuddhāvaropitakuśalamūlā bhaviṣyanti| api tu khalu punaḥ subhūte anekabuddhaśatasahasraparyupāsitā ane kabuddhaśatasahasrāvaropitakuśalamūlāste bodhisattvā mahāsattvā bhaviṣyanti, ye imeṣvevaṃrūpeṣu sūtrāntapadeṣu bhāṣyamāṇeṣu ekacittaprasādamapi pratilapsyante| jñātāste subhūte tathāgatena buddhajñānena, dṛṣṭāste subhūte tathāgatena buddhacakṣuṣā, buddhāste subhūte tathāgatena| sarve te subhūte aprameyamasaṃkhyeyaṃ puṇyaskandhaṃ prasaviṣyanti pratigrahīṣyanti| tatkasya hetoḥ? na hi subhūte teṣāṃ bodhisattvānāṃ mahāsattvānāmātmasaṃjñā pravartate, na sattvasaṃjñā, na jīvasaṃjñā, na pudgalasaṃjñā pravartate| nāpi teṣāṃ subhūte bodhisattvānāṃ mahāsattvānāṃ dharmasaṃjñā pravartate| evaṃ nādharmasaṃjñā| nāpi teṣāṃ subhūte saṃjñā nāsaṃjñā pravartate| tatkasya hetoḥ? sacetsubhūte teṣāṃ bodhisattvānāṃ mahāsattvānāṃ dharmasaṃjñā pravarteta, sa eva teṣāmātmagrāho bhavet, sattvagrāho jīvagrāhaḥ pudgalagrāho bhavet| sacedadharmasaṃjñā pravarteta, sa eva teṣāmātmagrāho bhavet, sattvagrāho jīvagrāhaḥ pudgalagrāha iti| tatkasya hetoḥ? na khalu punaḥ subhūte bodhisattvena mahāsattvena dharma udgrahītavyo nādharmaḥ| tasmādiyaṃ tathāgatena saṃdhāya vāgbhāṣitā-kolopamaṃ dharmaparyāyamājānadbhirdharmā eva prahātavyāḥ prāgevādharmā iti||6||

【罗什】

须菩提白佛言:“世尊！颇有众生，得闻如是言说章句，生实信不?”佛告须菩提:“莫作是说。如来灭后，后五百岁，有持戒、修福者，于此章句能生信心，以此为实，当知是人不于一佛、二佛、三、四、五佛而种善根，已于无量千万佛所种诸善根。闻是章句，乃至一念生净信者，须菩提！如来悉知、悉见，是诸众生得如是无量福德。何以故？是诸众生无复我相、人相、众生相、寿者相，无法相、亦无非法相。何以故？是诸众生若心取相，则为着我、人、众生、寿者；若取法相，即着我、人、众生、寿者。何以故？若取非法相，即着我、人、众生、寿者。是故不应取法，不应取非法。以是义故，如来常说：'汝等比丘，知我说法如筏喻者。法尚应舍，何况非法。'"

【玄奘】

说是语已，具寿善现复白佛言："世尊！颇有有情，于当来世，后时、后分、后五百岁，正法将灭时分转时，闻说如是色经典句，生实想不？"佛告善现："勿作是说：'颇有有情，于当来世，后时、后分、后五百岁，正法将灭时分转时，闻说如是色经典句，生实想不？'然复，善现！有菩萨摩诃萨于当来世，后时、后分、后五百岁，正法将灭时分转时，具足尸罗、具德、具慧。复次，善现！彼菩萨摩诃萨非于一佛所承事供养，非于一佛所种诸善根。然复，善现！彼菩萨摩诃萨于其非一百千佛所承事供养，于其非一百千佛所种诸善根，乃能闻说如是色经典句，当得一净信心。善现！如来以其佛智悉已知彼，如来以其佛眼悉已见彼，善现！如来悉已觉。彼一切有情，当生无量无数福聚，当摄无量无数福聚。何以故？善现！彼菩萨摩诃萨无我想转，无有情想、无命者想、无士夫想、无补特伽罗想、无意生想、无摩纳婆想、无作者想、无受者想转。善现！彼菩萨摩诃萨无法想转、无非法想转，无想转亦无非想转。所以者何？善现！若菩萨摩诃萨有法想转，彼即应有我执、有情执、命者执、补特伽罗等执；若有非法想转，彼亦应有我执、有情执、命者执、补特伽罗等执。何以故？善现！不应取法，不应取非法。是故如来密意而说筏喻法门：'诸有智者法尚应断，何况非法！'"

【新译】

这样说罢，长老须菩提问薄伽梵："存在这回事吗？薄伽梵啊！在未来的世代，在末后的时间，在末后的时刻，在末后的五百年，当对于正法的扰乱出现时，当如此这般的这些经典章句正在被宣说的时候，将会有某些众生，他们将会产生真实的观念吗？"

薄伽梵回答："须菩提啊！你不要这样说：'存在这回事吗？在未来的世代，在末后的时间，在末后的时刻，在末后的五百年，当对于正法的扰乱出现时，当如此这

般的经典章句正在被宣说的时候，将会有某些众生，他们将会产生真实的观念吗？'

“须菩提啊！而是要这样看：在未来的世代，在末后的时间，在末后的时刻，在末后的五百年，当对于正法的扰乱出现时，将会出现诸菩萨摩诃萨，他们将会具足品德，具足戒律，具足般若，当如此这般的经典章句正在被宣说的时候，他们会产生真实的观念。

“再者，须菩提啊！这些菩萨摩诃萨并非伺候过一位佛陀，并非在一位佛陀那里种植过善根，须菩提啊！要这样看：当如此这般的经典章句正在被宣说的时候，哪怕获得一念净信的那些菩萨摩诃萨，都伺候过诸多的百千位佛陀，都在诸多的百千位佛陀那里种植过善根。

“须菩提啊！如来以佛智认识他们；须菩提啊！如来以佛眼看见他们；须菩提啊！如来感知他们。

“须菩提啊！所有这些菩萨摩诃萨，都将会产生、都将会获得无量、无数的福德集聚。

“为什么呢？因为，须菩提啊！这些菩萨摩诃萨都没有关于自我的观念生起，都没有关于众生的观念、关于命者的观念、关于补特伽罗的观念生起。

“须菩提啊！这些菩萨摩诃萨也没有关于法的观念生起，同样，他们也没有关于非法的观念生起。须菩提啊！这些菩萨摩诃萨没有观念生起，也没有非观念生起。

“为什么呢？须菩提啊！假使这些菩萨摩诃萨还会有关于法的观念生起，那么这些菩萨摩诃萨就会有那种关于自我的执取，就会有那种关于众生的执取，关于命者的执取，关于补特伽罗的执取。

“假使这些菩萨摩诃萨还会有关于非法的观念生起，那么这些菩萨摩诃萨就会有关于自我的执取，就会有关于众生的执取，关于命者的执取，关于补特伽罗的执取。

“为什么呢？须菩提啊！因为一个菩萨摩诃萨不应当执取法，不应当执取非法。

“因此，如来才密意地说了此话：‘诸懂得法门如筏者，尚且要断除法，何况非法呢！’”

punaraparaṃ bhagavānāyuṣmantaṃ subhūtimetadavocat-tatkiṃ manyase subhūte, asti sa kaściddharmo yastathāgatenānuttarā samyaksaṃbodhirityabhisaṃbuddhaḥ, kaścidvā dharmastathāgatena deśitaḥ? evamukte āyuṣmān subhūtirbhagavantametadavocat-yathāhaṃ bhagavan bhagavato bhāṣitasyārthamājānāmi, nāsti sa kaściddharmo yastathāgatena anuttarā samyaksaṃbodhirityabhisaṃbuddhaḥ, nāsti dharmo yastathāgatena deśitaḥ| tatkasya hetoḥ? yo'sau tathāgatena dharmo'bhisaṃbuddho deśito vā, agrāhyaḥ so'nabhilapyaḥ| na sa dharmo nādharmaḥ| tatkasya hetoḥ?

asaṃskṛtaprabhāvitā hyāryapudgalāḥ||7||

【罗什】

“须菩提！于意云何？如来得阿耨多罗三藐三菩提耶？如来有所说法耶？”须菩提言：“如我解佛所说义，无有定法名阿耨多罗三藐三菩提，亦无有定法如来可说。何以故？如来所说法，皆不可取、不可说，非法、非非法。所以者何？一切贤圣，皆以无为法而有差别。”

【玄奘】

佛复告具寿善现言：“善现！于汝意云何？颇有少法，如来、应、正等觉证得阿耨多罗三藐三菩提耶？颇有少法，如来、应、正等觉是所说耶？”善现答言：“世尊！如我解佛所说义者，无有少法，如来、应、正等觉证得阿耨多罗三藐三菩提；亦无有少法，是如来、应、正等觉所说。何以故？世尊！如来、应、正等觉所证、所说、所思惟法，皆不可取，不可宣说，非法、非非法。何以故？以诸贤圣补特伽罗皆是无为之所显故。”

【新译】

薄伽梵又对长老须菩提说：“须菩提啊！你心里怎么想呢？存在由如来所觉证的那某个法，是所谓‘无上的正确觉悟’吗？或者，存在由如来所说的那某个法吗？”

如此说罢，长老须菩提答薄伽梵：“薄伽梵啊！按照我所理解薄伽梵所说言教的意思，并不存在由如来所觉证的那某个法，是所谓‘无上的正确觉悟’；也不存在由如来所说的那某个法。

“为什么呢？凡是由如来所觉证的法，或所称说的法，都是不可被执取，不可被称说的。它不是法，不是非法。

“为什么呢？因为诸圣贤的补特伽罗都是由无为（法）彰显出来的。”

bhagavānāha- tatkiṃ manyase subhūte yaḥ kaścitkulaputro vā kuladuhitā vā imaṃ trisāhasramahāsāhasraṃ lokadhātuṃ saptaratnaparipūrṇaṃ kṛtvā tathāgatebhyo'rhadbhayaḥ samyaksaṃbuddhebhyo dānaṃ dadyāt, api nu sa kulaputro vā kuladuhitā vā tatonidānaṃ bahu puṇyaskandhaṃ prasunuyāt| subhūtirāha-bahu bhagavan, bahu sugata sa kulaputro vā kuladuhitā vā tatonidānaṃ puṇyaskandhaṃ prasunuyāt| tatkasya hetoḥ? yo'sau bhagavan puṇyaskandhastathāgatena bhāṣitaḥ, askandhaḥ sa tathāgatena bhāṣitaḥ| tasmāttathāgato bhāṣate- puṇyaskandhaḥ puṇyaskandha iti| bhagavānāha- yaśca khalu punaḥ subhūte kulaputro vā kuladuhitā va imaṃ trisāhasramahāsāhasraṃ lokadhātuṃ saptaratnaparipūrṇaṃ kṛtvā tathāgatebhyo'rhadbhyaḥ samyaksaṃbuddhebhyo dānaṃ dadyāt, yaśca ito dharmaparyāyādantaśaścatuṣpādikāmapi gāthāmudgṛhya parebhyo vistareṇa deśayet saṃprakāśayet, ayameva tatonidānaṃ bahutaraṃ puṇyaskandhaṃ prasunuyādaprameyasaṃkhyeyam| tatkasya hetoḥ? atonirjātā hi subhūte tathāgatānāmarhatāṃ samyaksaṃbuddhānāmanuttarā samyaksaṃbodhiḥ, atonirjātāśca buddhā bhagavantaḥ| tatkasya hetoḥ? buddhadharmā buddhadharmā iti subhūte abuddhadharmāścaiva te tathāgatena bhāṣitāḥ| tenocyante buddhadharmā iti||8||

【罗什】

“须菩提！于意云何？若人满三千大千世界七宝以用布施，是人所得福德宁为多不？”须菩提言:“甚多，世尊！何以故？是福德即非福德性，是故如来说福德多。”“若复有人，于此经中受持，乃至四句偈等，为他人说，其福胜彼。何以故？须菩提！一切诸佛，及诸佛阿耨多罗三藐三菩提法，皆从此经出。须菩提！所谓佛法者，即非佛法。”

【玄奘】

佛告善现:“于汝意云何？若善男子或善女人，以此三千大千世界盛满七宝，持用布施，是善男子或善女人，由此因缘，所生福聚宁为多不？”善现答言：“甚多，世尊！甚多，善逝！是善男子或善女人，由此因缘，所生福聚其量甚多。何以故？世尊！福德聚、福德聚者，如来说为非福德聚，是故如来说名福德聚、福德聚。”佛复告善现言：“善现！若善男子或善女人，以此三千大千世界盛满七宝，持用布施；若善男子或善女人，于此法门乃至四句伽他，受持、读诵、究竟通利，及广为他宣说、开示、如理作意，由是因缘所生福聚，甚多于前无量、无数。何以故？一切如来、应、正等觉阿耨多罗三藐三菩提皆从此经出，诸佛世尊皆从此经生。所以者何？善现！诸佛法、诸佛法者，如来说为非诸佛法，是故如来说名诸佛法、诸佛法。”

【新译】

（薄伽梵说：）“须菩提啊！你心里怎么想？若有某位善男子或者善女人，把这三千大千世界都充满了七宝，向诸如来、阿罗汉、正确觉悟者，实行布施，那么这位善男子或者善女人，以此因缘，岂不会产生很多的福德集聚吗？”

须菩提答：“有很多（福德集聚），薄伽梵啊！有很多（福德集聚），善逝啊！这位善男子或善女人，以此因缘，会产生很多的福德集聚。

“为什么呢？薄伽梵啊！凡是如来所说的福德集聚，就是如来所说的非（福德）集聚，因而如来称为所谓‘福德集聚、福德集聚’。”

薄伽梵说：“再者，须菩提啊！若有一位善男子或者善女人，把这三千大千世界都充满了七宝，向诸如来、阿罗汉、正确觉悟者，实行布施；其次，若有一位善男子或者善女人，由此法门，乃至接受即便一个四句的伽他，为诸他者广为开示，宣说，那么后面这个人，由此因缘，将会产生更加多的无量、无数的福德集聚。

“为什么呢？因为，须菩提啊！诸如来、阿罗汉、正确觉悟者无上的正确觉悟，都是由此生出的，而且诸佛、薄伽梵也都是由此生出的。

“为什么呢？须菩提啊！所谓‘诸佛法、诸佛法’，如来说其为非诸佛法，因而被称为所谓‘诸佛法、诸佛法’。”

tatkiṃ manyase subhūte api nu srotaāpannasyaivaṃ bhavati-mayā srotaāpattiphalaṃ prāptamiti? subhūtirāha-no hīdaṃ bhagavan| na srotaāpannasyaivaṃ bhavati-mayā srotaāpattiphalaṃ prāptamiti| tatkasya hetoḥ? na hi sa bhagavan kaṃciddharmamāpannaḥ, tenocyate srotaāpanna iti| na rūpamāpanno na śabdān na gandhān na rasān na spraṣṭavyān na［此处维迪雅本缺 na，根据汉译增补。］

dharmānāpannaḥ| tenocyate srotaāpanna iti| sacedbhagavan srotaāpannasyaivaṃ bhavet- mayā srotaāpattiphalaṃ prāptamiti, sa eva tasyātmagrāho bhavet, sattvagrāho jīvagrāhaḥ pudgalagrāho bhaveditiǁ

【罗什】

“须菩提！于意云何？须陀洹能作是念：‘我得须陀洹果’不？”须菩提言：“不也，世尊！何以故？须陀洹名为入流，而无所入，不入色、声、香、味、触、法，是名须陀洹。”

【玄奘】

佛告善现：“于汝意云何？诸预流者颇作是念：‘我能证得预流果’不？”善现答言：“不也，世尊！诸预流者不作是念：‘我能证得预流之果。’何以故？世尊！诸预流者无少所预，故名预流；不预色、声、香、味、触、法，故名预流。世尊！若预流者作如是念：‘我能证得预流之果’，即为执我、有情、命者、士夫、补特伽罗等。”

【新译】

（薄伽梵说：）“须菩提啊！你心里怎么想呢？难道一个预流者这样想：‘我已经获得预流果了’吗？”

须菩提答：“确实，薄伽梵啊！没有这回事。一个预流者并不这样想：‘我已经获得预流果了。’为什么呢？因为，薄伽梵啊！此人不涉入任何法，因而被称为所谓‘预流者’。他不涉入色，不涉入声、香、味、触、法，因而被称为一个‘预流者’。

“薄伽梵啊！假使一个预流者会这样想：‘我已经获得预流果了’，那么这个人就会有关于自我的执着，就会有关于众生的执着，关于命者的执着，关于补特伽罗的执着。”

bhagavānāha- takiṃ manyase subhūte api nu sakṛdāgāmina evaṃ bhavati-mayā sakṛdāgāmiphalaṃ prāptamiti? subhūtirāha-no hīdaṃ bhagavan| na sakṛdāgāmina evaṃ bhavati-mayā sakṛdāgāmiphalaṃ prāptamiti| tatkasya hetoḥ? na hi sa kaściddharmo yaḥ sakṛdāgāmitvamāpannaḥ| tenocyate sakṛdāgāmīti||

【罗什】

“须菩提！于意云何？斯陀含能作是念：‘我得斯陀含果’不？”须菩提言：“不也，世尊！何以故？斯陀含名一往来，而实无往来，是名斯陀含。”

【玄奘】

佛告善现：“于汝意云何？诸一来者颇作是念：‘我能

证得一来果’不？”善现答言：“不也，世尊！诸一来者不作是念：‘我能证得一来之果’。何以故？世尊！以无少法证一来性，故名一来。”

【新译】

薄伽梵说：“须菩提啊！你心里怎么想呢？难道一个一来者这样想：‘我已经获得一来果了’吗？”

须菩提答：“确实，薄伽梵啊！没有这回事。一个一来者并不这样想：‘我已经获得一来果了’。为什么呢？因为，无有证得一来性者的那某个法，因而被称为‘一来者’。”

bhagavānāha-tatkiṃ manyase subhūte api nu anāgāmina evaṃ bhavati-mayānāgāmiphalaṃ prāptamiti? subhūtirāha-no hīdaṃ bhagavan| na anāgāmina evaṃ bhavati-mayā anāgāmiphalaṃ prāptamiti| tatkasya hetoḥ? na hi sa bhagavan kaściddharmo yo'nāgāmitvamāpannaḥ| tenocyate anāgāmīti||

【罗什】

“须菩提！于意云何？阿那含能作是念：‘我得阿那含果’不？”须菩提言：“不也，世尊！何以故？阿那含名为不来，而实无来，是故名阿那含。”

【罗什】

“复次，须菩提！随说是经，乃至四句偈等，当知此处，一切世间天、人、阿修罗，皆应供养，如佛塔庙，何况有人尽能受持、读诵。须菩提！当知是人成就最上第一希有之法，若是经典所在之处，则为有佛，若尊重弟子。”

【玄奘】

“复次，善现！若地方所，于此法门，乃至为他宣说、开示四句伽他，此地方所尚为世间诸天及人、阿素洛等之所供养，如佛灵庙，何况有能于此法门具足究竟、书写、受持、读诵、究竟通利，及广为他宣说、开示、如理作意。如是有情成就最胜希有功德。此地方所大师所住，或随一一尊重处所若诸有智、同梵行者。”

【新译】

（薄伽梵说：）“再者，须菩提啊！若于其处，有人由此法门，乃至接受一个四句的伽他，或演说，或宣示，那么这个地方就会成为有天神、人类及阿修罗的世间的塔庙。更何况若是有人将会受持全部完成的这个法门，读诵，懂得，并且向诸他者广为宣说呢，须菩提啊！这些人将会成为具足最高的稀奇者。

“须菩提啊！在这个地方，就住着一位导师，或某位可以代表（导师）的贤师。”

evamukte āyuṣmān subhūtirbhagavantametadavocat- ko nāma ayaṃ bhagavan dharmaparyāyaḥ, kathaṃ cainaṃ dhārayāmi? evamukte bhagavānāyuṣmantaṃ subhūtimetadavocat- prajñāpāramitā nāmāyaṃ subhūte dharmaparyāyaḥ| evaṃ cainaṃ dhāraya| tatkasya hetoḥ? yaiva subhūte prajñāpāramitā tathāgatena bhāṣitā, saiva apāramitā tathāgatena bhāṣitā| tenocyate prajñāpāramiteti||

【罗什】

尔时，须菩提白佛言：“世尊！当何名此经？我等云何奉持？”佛告须菩提：“是经名为金刚般若波罗蜜。以是名字,汝当奉持。所以者何？须菩提！佛说般若波罗蜜，则非般若波罗蜜。”

【玄奘】

说是语已，具寿善现复白佛言：“世尊！当何名此法门？我当云何奉持？”作是语已，佛告善现言：“具寿！今此法门名为能断金刚般若波罗蜜多。如是名字，汝当奉持。何以故？善现！如是般若波罗蜜多，如来说为非般若波罗蜜多，是故如来说名般若波罗蜜多。”

【新译】

这样说罢，长老须菩提问薄伽梵：“薄伽梵啊！这个法门叫什么名字？其次，我如何受持这个法门呢？”

这样说罢，薄伽梵对长老须菩提说：“须菩提啊！这个法门名为般若波罗蜜多，其次，你应当这样受持。

“为什么呢？须菩提啊！如来所说的般若波罗蜜多，就是如来所说的非（般若）波罗蜜多，因此被称为‘般若波罗蜜多’。”

tatkiṃ manyase subhūte-api nu asti sa kaściddharmo yastathāgatena bhāṣitaḥ? subhūtirāha-no hīdaṃ bhagavan| nāsti sa kaściddharmo yastathāgatena bhāṣitaḥ||

【罗什】

“须菩提！于意云何？如来有所说法不？”须菩提白佛言：“世尊！如来无所说。”

【玄奘】

佛告善现：“于汝意云何？颇有少法如来可说不？”

善现答言："不也，世尊！无有少法如来可说。"

【新译】

（薄伽梵说：）"须菩提啊！你心里怎么想呢？难道存在由如来所说的那某个法吗？"

须菩提答："确实，薄伽梵啊！没有这回事。并不存在由如来所说的那某个法。"

bhagavānāha-tatkiṃ manyase subhūte-yāvat trisāhasramahāsāhasre lokadhātau pṛthivīrajaḥ kaccit, tadbahu bhavet? subhūtirāha-bahu bhagavan, bahu sugata pṛthivīrajo bhavet| tatkasya hetoḥ? yattadbhagavan pṛthivīrajastathāgatena bhāṣitam, arajastadbhagavaṃstathāgatena bhāṣitam| tenocyate pṛthivīraja iti| yo'pyasau lokadhātustathāgatena bhāṣitaḥ, adhātuḥ sa tathāgatena bhāṣitaḥ| tenocyate lokadhāturiti||

【罗什】

"须菩提！于意云何？三千大千世界所有微尘是为多不？"须菩提言："甚多，世尊！""须菩提！诸微尘，如来说非微尘，是名微尘。如来说世界，非世界，是名世界。"

【玄奘】

佛告善现："乃至三千大千世界大地微尘宁为多不？"

善现答言:“此地微尘甚多,世尊!甚多,善逝!”佛言:“善现!大地微尘,如来说非微尘,是故如来说名大地微尘;诸世界,如来说非世界,是故如来说名世界。”

【新译】

薄伽梵说:“须菩提啊!你心里怎么想呢?若在三千大千世界中有那么多大地微尘,那么这些大地微尘会很多吧?”

须菩提答:“薄伽梵啊!大地微尘会很多;善逝啊!大地微尘会很多啊。为什么呢?薄伽梵啊!凡是如来所说的大地微尘,薄伽梵啊!它就是如来所说的非(大地)微尘,因而被称为‘大地微尘’。

“其次,凡是如来所说的世界,它也就是如来所说的非(世)界,因而被称为‘世界’。”

bhagavānāha- tatkiṃ manyase subhūte dvātriṃśanmahā puruṣalakṣaṇaistathāgato'rhan samyaksaṃbuddho draṣṭavyaḥ? subhūtirāha-no hīdaṃ bhagavan| dvātriṃśanmahāpuruṣalakṣaṇaistathāgato'rhan samyaksaṃbuddho draṣṭavyaḥ| tatkasya hetoḥ? yāni hi tāni bhagavan dvātriṃśanmahāpuruṣalakṣaṇāni tathāgatena bhāṣitāni, alakṣaṇāni tāni bhagavaṃstathāgatena bhāṣitāni| tenocyante dvātriṃśanmahāpuruṣalakṣaṇānīti||

【罗什】

“须菩提！于意云何？可以三十二相见如来不？”“不也，世尊！不可以三十二相得见如来。何以故？如来说三十二相，即是非相，是名三十二相。”

【玄奘】

佛告善现：“于汝意云何？应以三十二大士夫相观于如来、应、正等觉不？”善现答言：“不也，世尊！不应以三十二大士夫相观于如来、应、正等觉。何以故？世尊！三十二大士夫相，如来说为非相，是故如来说名三十二大士夫相。”

【新译】

薄伽梵说：“须菩提啊！你心里怎么想呢？可以根据三十二种大人之相，来看待如来、阿罗汉、正确觉悟者吗？”

须菩提答：“确实，薄伽梵啊！没有这回事。不［维迪雅本缺此字，这里根据罗什、玄奘译本之意增补。］可以根据三十二种大人之相看待如来。

“为什么呢？薄伽梵啊！凡是如来所说的三十二种大人之相，薄伽梵啊！它们就是如来所说的非（三十二种大人之）相，因而被称为‘三十二种大人之相’。”

bhagavānāha-yaśca khalu punaḥ subhūte strī vā puruṣo vā dine dine gaṅgānadīvālukāsamānātmabhāvān parityajet, evaṃ parityajan gaṅgānadīvālukāsamān kalpāṃstānātmabhāvān parityajet, yaśca ito dharmaparyāyadantaśaścatuṣpādikāmapi gāthāmudgṛhyaparebhyo deśayet saṃprakāśayet, ayameva tatonidānaṃ bahutaraṃ puṇyaskandhaṃ prasunuyādaprameyamasaṃkhyeyam||13||

【罗什】

“须菩提！若有善男子、善女人，以恒河沙等身命布施；若复有人，于此经中，乃至受持四句偈等，为他人说，其福甚多。”

【玄奘】

佛复告善现言：“假使若有善男子或善女人，于日日分舍施殑伽河沙等自体，如是经殑伽河沙等劫数舍施自体。复有善男子或善女人，于此法门乃至四句伽他，受持、读诵、究竟通利，及广为他宣说、开示、如理作意，由是因缘，所生福聚，甚多于前无量无数。”

【新译】

薄伽梵说:“再者，须菩提啊！若有一个善女人或善男子，每天都要舍弃与恒河沙粒相等的身体，(而且)这样一位舍弃身体者，要在与恒河沙粒相等的劫波中舍弃这些身体；其次，若有一个善女人或善男子，由此法门，乃至接受即便一个四句的伽他，向诸他者开示、宣说，那么后面这个人，由此因缘，将会产生更加多的无量、无数的福德集聚。”

atha khalvāyuṣmān subhūtirdharmavegenāśrūṇi prāmuñcat| so'śrūṇi pramṛjya bhagavantametadavocat-āścaryaṃ bhagavan, paramāścaryaṃ sugata, yāvadayaṃ dharmaparyāyastathāgatena bhāṣito'grayānasaṃprasthitānāṃ sattvānāmarthāya, śreṣṭhayānasaṃprasthitānāmarthāya, yato me bhagavan jñānamutpannam| na mayā bhagavan jātvevaṃrūpo dharmaparyāyaḥ śrutapūrvaḥ| parameṇa te bhagavan āścaryeṇa samanvāgatā bodhisattvā bhaviṣyanti, ye iha sūtre bhāṣyamāṇe śrutvā bhūtasaṃjñāmutpādayiṣyanti| tatkasya hetoḥ? yā caiṣā bhagavan bhūtasaṃjñā, saiva abhūtasaṃjñā| tasmāttathāgato bhāṣatebhūtasaṃjñā bhūtasaṃjñeti||

【罗什】

尔时，须菩提闻说是经，深解义趣，涕泪悲泣，而白佛言："希有，世尊！佛说如是甚深经典；我从昔来所得慧眼，未曾得闻如是之经。世尊！若复有人，得闻是经，信心清净，则生实相，当知是人，成就第一希有功德。世尊！是实相者，则是非相，是故如来说名实相。"

【玄奘】

尔时，具寿善现闻法威力，悲泣堕泪，俛仰扪泪，而白佛言："甚奇希有，世尊！最极希有，善逝！如来今者所说法门，普为发趣最上乘者作诸义利，普为发趣最胜乘者作诸义利。世尊！我昔生智以来，未曾得闻如是法门。世尊！若诸有情闻说如是甚深经典生真实想，当知成就最胜希有。何以故？世尊！诸真实想、真实想者，如来说为非想，是故如来说名真实想、真实想。"

【新译】

当时，长老须菩提因法之势力，流出了眼泪。他抹掉眼泪，对薄伽梵说：

"稀奇啊，薄伽梵啊！极为稀奇啊，善逝啊！以至如来为了趋向最上乘的众生们的利益，为了趋向最胜乘的众生们的利益，说了这个法门。由此，薄伽梵啊！我的智慧产生出来了。

“薄伽梵啊！我从前未曾听闻如此这般的这个法门。在这里，当这部经典正在被宣说时，那些听闻之后产生真实想法的众生们，薄伽梵啊！将会成为具足最高稀奇的菩萨们！

“为什么呢？薄伽梵啊！凡是真实想法，就是非真实想法，因而如来称说所谓‘真实想法、真实想法’。”

na mama bhagavan āścaryaṃ yadahamimaṃ dharmaparyāyaṃ bhāṣyamāṇamavakalpayāmi adhimucye| ye'pi te bhagavan sattvā bhaviṣyantyanāgate'dhvani paścime kāle paścime samaye paścimāyāṃ pañcaśatyāṃ saddharmavipralope vartamāne, ye imaṃ bhagavan dharmaparyāyamudgrahīṣyanti dhārayiṣyanti vācayiṣyanti paryavāpsyanti, parebhyaśca vistareṇa saṃprakāśayiṣyanti, te paramāścaryeṇa samanvāgatā bhaviṣyanti| api tu khalu punarbhagavan na teṣāmātmasaṃjñā pravartiṣyate, na sattvasaṃjñā na jīvasaṃjñā na pudgalasaṃjñā pravartiṣyate, nāpi teṣāṃ kācitsaṃjñā nāsaṃjñā pravartate| tatkasya hetoḥ? yā sā bhagavan ātmasaṃjñā, saivāsaṃjñā| yā sattvasaṃjñā jīvasaṃjñā pudgalasaṃjñā, saivāsaṃjñā| tatkasya hetoḥ? sarvasaṃjñāpagatā hi buddha bhagavantaḥ||

【罗什】

“世尊！我今得闻如是经典，信解受持，不足为难。若当来世，后五百岁，其有众生，得闻是经，信解受持，是人则为第一希有。何以故？此人无我相、人相、众生相、寿者相。所以者何？我相，即是非相；人相、众生相、寿者相，即是非相。何以故？离一切诸相，则名诸佛。”

【玄奘】

“世尊！我今闻说如是法门，领悟、信解，未为希有。若诸有情，于当来世，后时、后分、后五百岁，正法将灭时分转时，当于如是甚深法门，领悟、信解、受持、读诵、究竟通利，及广为他宣说、开示、如理作意，当知成就最胜希有。何以故？世尊！彼诸有情无我想转，无有情想、无命者想、无士夫想、无补特伽罗想、无意生想、无摩纳婆想、无作者想、无受者想转。所以者何？世尊！诸我想，即是非想；诸有情想、命者想、士夫想、补特伽罗想、意生想、摩纳婆想、作者想、受者想，即是非想。何以故？诸佛世尊离一切想。”

【新译】

（须菩提说：）“薄伽梵啊！对我而言，能够领悟、能够信解正在被宣说的这个法门，并不稀奇。

“薄伽梵啊！若在未来的世代，在末后的时间，在末后的时刻，在末后的五百岁，当对于正法的破坏正在出现时，会有诸众生，薄伽梵啊！将会接纳、受持、诵读、懂得这个法门，并且将会向诸他者广为宣说：这些众生将会具足最高的稀奇！

“再者，薄伽梵啊！这些众生将不再有关于自我的观念生起，不再有关于众生的观念、关于命者的观念、关于补特伽罗的观念生起。这些众生没有任何观念生起，也没有任何非观念生起。

“为什么呢？薄伽梵啊！凡是关于自我的观念，就是非（关于自我的）观念。凡是关于众生的观念，关于命者的观念，关于补特伽罗的观念，就是非（关于众生、命者、补特伽罗的）观念。

“为什么呢？因为，诸佛、薄伽梵已经捐弃一切的观念。”

evamukte bhagavānāyuṣmantaṃ subhūtimetadavocat-evametat subhūte, evametat| paramāścaryasamanvāgatāste sattvā bhaviṣyanti, ye iha subhūte sūtre bhāṣyamāṇe notrasiṣyanti na saṃtrasiṣyanti na saṃtrāsamāpatsyante| tatkasya hetoḥ? paramapāramiteyaṃ subhūte tathāgatena bhāṣitā yadutāpāramitā| yāṃ ca subhūte tathāgataḥ paramapāramitāṃ bhāṣate, tāmaparimāṇā api buddhā bhagavanto bhāṣante| tenocyante paramapāramiteti||

【罗什】

佛告须菩提："如是，如是。若复有人，得闻是经，不惊、不怖、不畏，当知是人甚为希有。何以故？须菩提！如来说第一波罗蜜，非第一波罗蜜，是名第一波罗蜜。"

【玄奘】

作是语已，尔时，世尊告具寿善现言："如是，如是，善现！若诸有情闻说如是甚深经典，不惊、不惧，无有怖畏，当知成就最胜希有。何以故？善现！如来说最胜波罗蜜多，谓般若波罗蜜多。善现！如来所说最胜波罗蜜多，无量诸佛世尊所共宣说，故名最胜波罗蜜多。如来说最胜波罗蜜多即非波罗蜜多，是故如来说名最胜波罗蜜多。"

【新译】

这样说罢，薄伽梵对长老须菩提说："此事如此，须菩提啊！此事如此。须菩提啊！在这里，当这部经典正在被宣说时，那些不惊恐、不畏惧、不落于惊惧的众生，都会成就最高的稀奇。为什么呢？须菩提啊！如来说了，这个最高的波罗蜜多，即指非（最高的）波罗蜜多。须菩提啊！无量的诸佛、薄伽梵，也都称说如来所说的最高的波罗蜜多。因而被称为最高的波罗蜜多。”

api tu khalu punaḥ subhute yā tathāgatasya kṣāntipāramitā, saiva apāramitā| tatkasya hetoḥ? yadā me subhūte kalirājā aṅgapratyaṅgamāṃsānyacchaitsīt, nāsīnme tasmin samaye ātmasaṃjñā vā sattvasaṃjñā vā jīvasaṃjñā vā pudgalasaṃjñā vā, nāpi me kācitsaṃjñā vā asaṃjñā vā babhūva| tatkasya hetoḥ? sacenme subhūte tasmin samaye ātmasaṃjñā abhaviṣyat, vyāpādasaṃjñāpi me tasmin samaye'bhaviṣyat| sacetsattvasaṃjñā jīvasaṃjñā pudgalasaṃjñābhaviṣyat, vyāpādasaṃjñāpi me tasmin samaye'bhaviṣyat| tatkasya hetoḥ? abhijānāmyahaṃ subhūte atīte'dhvani pañca jātiśatāni yadahaṃ kṣāntivādī ṛṣirabhūvam| tatrāpi me nātmasaṃjñā babhūva, na sattvasaṃjñā, na jīvasaṃjñā, na pudgalasaṃjñā babhūva| tasmāttarhi subhūte bodhisattvena mahāsattvena sarvasaṃjñā vivarjayitvā anuttarāyāṃ samyaksaṃbodhau cittamutpādayitavyam| na rūpapratiṣṭhitaṃ cittamutpādayitavyam, na śabdagandhar asaspraṣṭavyadharmapratiṣṭhitaṃ cittamutpādayitavyam, na dharmapratiṣṭhitaṃ cittamutpādayitavyam, nādharmapratiṣṭhitaṃ cittamutpādayitavyam, na kvacitpratiṣṭhitaṃ cittamutpādayitavyam| tatkasya hetoḥ? yatpratiṣṭhitaṃ tadevāpratiṣṭhitam| tasmādeva tathāgato bhāṣate-apratiṣṭhitena bodhisattvena dānaṃ dātavyam| na rūpaśabdagandharasasparśadharmapratiṣṭhitena dānaṃ dātavyam||

【罗什】

“须菩提！忍辱波罗蜜，如来说非忍辱波罗蜜。何以故？须菩提！如我昔为歌利王割截身体，我于尔时，无我相、无人相、无众生相、无寿者相。何以故？我于往昔节节支解时，若有我相、人相、众生相、寿者相，应生嗔恨。须菩提！又念过去于五百世作忍辱仙人，于尔所世，无我相、无人相、无众生相、无寿者相。是故，须菩提！菩萨应离一切相，发阿耨多罗三藐三菩提心。不应住色生心，不应住声、香、味、触、法生心，应生无所住心。若心有住，则为非住。是故佛说：‘菩萨心不应住色布施。’”

【玄奘】

“复次，善现！如来说忍辱波罗蜜多即非波罗蜜多，是故如来说名忍辱波罗蜜多。何以故？善现！我昔过去世曾为羯利王断支节肉，我于尔时都无我想、或有情想、或命者想、或士夫想、或补特伽罗想、或意生想、或摩纳婆想、或作者想、或受者想，我于尔时都无有想，亦非无想。何以故？善现！我于尔时若有我想，即于尔时应有恚想；我于尔时若有有情想、命者想、士夫想、补特伽罗想、意生想、摩纳婆想、作者想、受者想，即于尔时应有恚想。何以故？善现！我忆过去五百生中，曾为自号忍辱仙人，我于尔时都无我想、无有情想、无命者想、无士夫想、无补特伽罗想、无意生想、无摩纳婆想、无作者想、无受者想，我于尔时都无有想，亦非无想。是故，善现！菩萨摩诃萨远离一切想，应发阿耨多罗三藐三菩提心，不住于色应生其心，不住非色应生其心，不住声、香、味、触、法应生其心，不住非声、香、味、触、法应生其心，都无所住应生其心。何以故？善现！诸有所住，则为非住。是故如来说‘诸菩萨应无所住而行布施’，不应住色、声、香、味、触、法而行布施。”

【新译】

（薄伽梵说：）“再者，须菩提啊！在如来而言，安忍波罗蜜多，就是非安忍波罗蜜多。

“为什么呢？须菩提啊！当羯利王割截我的肢体、肉身时，那时候我不曾有关于自我的观念，关于众生的观念，关于命者的观念，关于补特伽罗的观念。那时候我不曾有任何观念，或非观念。

“为什么呢？须菩提啊！假使那个时刻我会有关于自我的观念，那么当时我就会有关于憎恨的观念；假使那个时刻我会有关于众生的观念，关于命者的观念，关于补特伽罗的观念，那么当时我就会有关于憎恨的观念。

“为什么呢？须菩提啊！我记得过去世代的五百生，我都曾是一个宣传安忍的仙人。其时，我不曾有关于自我的观念，不曾有关于众生的观念，关于命者的观念，关于补特伽罗的观念。因此，须菩提啊！一个菩萨摩诃萨，应当抛弃一切的观念，使无上的正确觉悟心产生出来。其不应生起依据色的心，不应生起依据声、香、味、触、法的心，不应生起依据法的心，不应生起依据非法的心，不应生起依据任何事物的心。

“为什么呢？凡是依据的（心）即是非依据的（心）。因此，如来说：‘一个不依据的菩萨可以实行布施；一个依据色、声、香、味、触、法的菩萨，不可以实行布施。’”

api tu khalu punaḥ subhūte bodhisattvena evaṃrūpo dānaparityāgaḥ kartavyaḥ sarvasattvānāmarthāya| tatkasya hetoḥ? yā caiṣā subhūte sattvasaṃjñā, saiva asaṃjñā| ya evaṃ te sarvasattvāstathāgatena bhāṣitāsta eva asattvāḥ| tatkasya hetoḥ? bhūtavādī subhūte tathāgataḥ, satyavādī tathāvādī ananyathāvādī tathāgataḥ, na vitathavādī tathāgataḥ||

【罗什】

“须菩提！菩萨为利益一切众生，应如是布施。如来说一切诸相，即是非相；又说一切众生，则非众生。须菩提！如来是真语者、实语者、如语者、不诳语者、不异语者。”

【玄奘】

“复次，善现！菩萨摩诃萨为诸有情作义利故，应当如是弃舍布施。何以故？善现！诸有情想即是非想；一切有情，如来即说为非有情。善现！如来是实语者、谛语者、如语者、不异语者。”

【新译】

（薄伽梵说：）“再者，须菩提啊！一个菩萨应当为了一切众生的利益，而实行这样状态的布施即舍弃。

“为什么呢？须菩提啊！关于众生的观念，即是非（关于众生的）观念。凡是如来所说的一切众生，就是非（一切）众生。

“为什么呢？须菩提啊！如来是说真实者，如来是说真理者，是如说者，是非不如说者，即如来不是一个虚妄的说话者。”

api tu khalu punaḥ subhūte yastathāgatena dharmo'bhisaṃbuddho deśito nidhyātaḥ, na tatra satyaṃ na mṛṣā| tadyathāpi nāma subhūte puruṣo'ndhakārapraviṣṭo na kiṃcidapi paśyet, evaṃ vastupatito bodhisattvo draṣṭavyo yo vastupatito dānaṃ parityajati| tadyathāpi nāma subhūte cakṣuṣmān puruṣaḥ prabhātāyāṃ rātrau sūrye'bhyudgate nānavidhāni rūpāṇi paśyet, evamavastupatito bodhisattvo draṣṭavyo yo'vastupatito dānaṃ parityajati||

【罗什】

“须菩提！如来所得法，此法无实无虚。须菩提！若菩萨心住于法而行布施，如人入闇，则无所见；若菩萨心不住法而行布施，如人有目，日光明照，见种种色。”

【玄奘】

“复次，善现！如来现前等所证法，或所说法，或所思法，即于其中非谛非妄。善现！譬如士夫入于闇室，都无所见，当知菩萨若堕于事，谓堕于事而行布施，亦复如是。善现！譬如明眼士夫过夜晓已，日光出时见种种色，当知菩萨不堕于事，谓不堕事而行布施，亦复如是。”

【新译】

（薄伽梵说：）“再者，须菩提啊！凡是如来所觉证、所开示、所思考的法，则于其中不真实（地觉证、开示、思考），不虚妄（地觉证、开示、思考）。

须菩提啊！就好比一个人，进入到黑暗中，那么他甚至不会看到任何东西；我们可以同样看待一个堕落到事物中的菩萨——若那个菩萨堕落到事物中，而舍弃其布施物。须菩提啊！就好比一个具备眼睛的人，在光明中，在白天，当太阳正在升起时，就可以看见种种的色相；我们可以同样看待一个并不堕落到事物中的菩萨——若那个菩萨并不堕落到事物中，而舍弃其布施物。”

api tu khalu punaḥ subhūte ye kulaputrā vā kuladuhitaro vā imaṃ dharmaparyāyamudgrahīṣyanti dhārayiṣyanti vācayiṣyanti paryavāpsyanti, parebhyaśca vistareṇa saṃprakāśayiṣyanti, jñātāste subhūte tathāgatena buddhajñānena, dṛṣṭāste subhūte tathāgatena buddhacakṣuṣā, buddhāste tathāgatena| sarve te subhūte sattvā aprameyamasaṃkhyeyaṃ puṇyaskandhaṃ prasaviṣyanti pratigrahīṣyanti||14||

【罗什】

“须菩提！当来之世，若有善男子、善女人，能于此经受持、读诵，则为如来以佛智慧，悉知是人，悉见是人，皆得成就无量无边功德。”

【玄奘】

“复次，善现！若善男子或善女人，于此法门受持、读诵、究竟通利，及广为他宣说、开示、如理作意，则为如来以其佛智悉知是人，则为如来以其佛眼悉见是人，则为如来悉觉是人，如是有情一切当生无量福聚。”

【新译】

（薄伽梵说：）“再者，须菩提啊！凡是将会接纳、受持、读诵、懂得这个法门，并且向诸他者广为宣说的善男子、善女人，须菩提啊！如来则以佛智认识他们，以佛眼看见他们，如来感知他们。须菩提啊！所有这些众生，都将会产生、取得无量、无数的福德集聚。”

yaśca khalu punaḥ subhūte strī vā puruṣo vā purvāhṇakālasamaye gaṅgānadīvālukāsamānātmabhāvān parityajet, evaṃ madhyāhnakālasamaye gaṅgānadī-vālukāsamānātmabhāvān parityajet, sāyāhnakālasamaye gaṅgānadīvālukāsamānātmabhāvān parityajet, anena paryāyeṇa bahūni kalpakoṭiniyutaśatasahasrāṇyātmabhāvān parityajet, yaścemaṃ dharmaparyāyaṃ śrutvā na pratikṣipet, ayameva tatonidānaṃ bahutaraṃ puṇyaskandhaṃ prasunuyādaprameyamasaṃkhyeyam, kaḥ punarvādo yo likhitvā udgṛhṇīyāddhārayedvācayetparyavāpnuyāt, parebhyaśca vistareṇa saṃprakāśayet||

【罗什】

"须菩提！若有善男子、善女人，初日分以恒河沙等身布施，中日分复以恒河沙等身布施，后日分亦以恒河沙等身布施，如是无量百千万亿劫以身布施；若复有人，闻此经典，信心不逆，其福胜彼，何况书写、受持、读诵，为人解说。"

【玄奘】

"复次，善现！假使善男子或善女人，日初时分以殑伽河沙等自体布施，日中时分复以殑伽河沙等自体布施，日后时分亦以殑伽河沙等自体布施，由此异门，经于俱胝那庾多百千劫以自体布施；若有闻说如是法门，不生诽谤，由此因缘，所生福聚，尚多于前无量无数，何况能于如是法门具足毕竟，书写、受持、读诵、究竟通利，及广为他宣说、开示、如理作意。"

【新译】

（薄伽梵说：）“再者，须菩提啊！若一个女人或者男子，在上午的时间，会舍弃与恒河沙粒相等的身体，同样，在中午的时间，会舍弃与恒河沙粒相等的身体，在下午的时间，会舍弃与恒河沙粒相等的身体，以这种方式，此人在百千俱祇那由他的诸多劫波中，都会舍弃其身体。其次，若一个女人或者男子，听闻这个法门后，不会诽谤，那么后面这个人，以此因缘，将会产生更多的无量、无边的福德集聚。更何况若一个女人或男子，书写这个法门之后，将会接纳、受持、诵读、理解，并且向诸他者广为宣说呢！”

api tu khalu punaḥ subhūte acintyo'tulyo'yaṃ dharmaparyāyaḥ| ayaṃ ca subhūte dharmaparyāyastathāgatena bhāṣito'grayānasaṃprasthitānāṃ sattvānāmarthāya, śreṣṭhayānasaṃprasthitānāṃ sattvānāmarthāya| ye imaṃ dharmaparyāyamudgrahīṣyanti dhārayiṣyanti vācayiṣyanti paryavāpsyanti, parebhyaśca vistareṇa saṃprakāśayiṣyanti, jñātāste subhūte tathāgatena buddhajñānena, dṛṣṭāste subhūte tathāgatena buddhacakṣuṣā, buddhāste tathāgatena| sarve te subhūte sattvā aprameyeṇa puṇyaskandhen samanvāgatā bhaviṣyanti| acintyenātulyenāmāpyenāpari māṇena puṇyaskandhena samanvāgatā bhaviṣyanti| sarve te subhūte sattvāḥ samāṃśena bodhiṃ dhārayiṣyanti vacayiṣyanti paryavāpsyanti| tatkasya hetoḥ? na hi śakyaṃ subhūte ayaṃ dharmaparyāyo hīnādhimuktikaiḥ sattvaiḥ śrotum, nātmadṛṣṭikairna sattvadṛṣṭikairna jīvadṛṣṭikairna pudgaladṛṣṭikaiḥ| nābodhisattvapratijñai sattvaiḥ śakyamayaṃ dharmaparyāyaḥ śrotuṃ vā udgrahītuṃ vā dhārayituṃ vā vācayituṃ vā paryavāptuṃ vā| nedaṃ sthānaṃ vidyate||

【罗什】

“须菩提！以要言之，是经有不可思议、不可称量、无边功德。如来为发大乘者说，为发最上乘者说。若有人能受持、读诵，广为人说，如来悉知是人，悉见是人，皆得成就不可量、不可称、无有边、不可思议功德。如是人等，则为荷担如来阿耨多罗三藐三菩提。何以故？须菩提！若乐小法者，着我见、人见、众生见、寿者见，则于此经不能听、受、读诵，为人解说。”

【玄奘】

“复次，善现！如是法门不可思议、不可称量，应当希冀不可思议所感异熟。善现！如来宣说如是法门，为欲饶益趣最上乘诸有情故，为欲饶益趣最胜乘诸有情故。善现！若有于此法门受持、读诵、究竟通利，及广为他宣说、开示、如理作意，即为如来以其佛智悉知是人，即为如来以其佛眼悉见是人，则为如来悉觉是人。如是有情一切成就无量福聚，皆当成就不可思议、不可称量无边福聚。善现！如是一切有情，其肩荷担如来无上正等菩提。何以故？善现！如是法门非诸下劣信解有情所能听闻，非诸我见、非诸有情见、非诸命者见、非诸士夫见、非诸补特伽罗见、非诸意生见、非诸摩纳婆见、非诸作者见、非诸受者见所能听闻。此等若能受持、读诵、究竟通利，及广为他宣说、开示、如理作意，无有是处。”

【新译】

（薄伽梵说：）“再者，须菩提啊！这个法门不可思议，不可称量。须菩提啊！为了趋向最上乘的众生们的利益，为了趋向最胜乘的众生们的利益，如来说了这个法门。凡是能够接纳、受持、诵读、理解这个法门，并且能够向诸他者广为宣说者，须菩提啊！如来则以佛智认识他们；须菩提啊！如来则以佛眼看见他们；须菩提啊！如来感知他们。须菩提啊！所有的这些众生，都将会具足无量的福德集聚，都将会具足不可思议、不可称量、不可测量、无有量度的福德集聚。

“须菩提啊！所有的这些众生，都将会同等地受持、诵读、理解菩提。为什么呢？须菩提啊！拥有下劣的信解的众生们，不能够听闻这个法门；拥有关于自我的见解、关于众生的见解、关于命者的见解、关于补特伽罗的见解的众生们，不能够听闻这个法门；无有菩萨誓愿的众生们，不能够或听闻、接纳、受持、诵读、理解这个法门。这样的情况［指：无有菩萨誓愿的众生，却能够听闻、诵读这个法门］并不存在。”

api tu khalu punaḥ subhūte yatra pṛthivīpradeśe idaṃ sūtraṃ prakaśayiṣyate, pūjanīyaḥ sa pṛthivīpradeśo bhaviṣyati sadevamānuṣāsurasya lokasya| vandanīyaḥ pradakṣiṇīyaśca sa pṛthivīpradeśo bhaviṣyati, caityabhūtaḥ sa pṛthivīpradeśo bhaviṣyati||15||

【罗什】

“须菩提！在在处处，若有此经，一切世间天、人、阿修罗，所应供养。当知此处，则为是塔，皆应恭敬，作礼围绕，以诸华香而散其处。”

【玄奘】

“复次，善现！若地方所开此经典，此地方所当为世间诸天及人、阿素洛等之所供养、礼敬、右绕，如佛灵庙。”

【新译】

（薄伽梵说：）“再者，须菩提啊！凡是阐明这部经典的地方，都应当成为有天神、人类、阿修罗的世界所供养的地方。那个地方应当成为被敬礼、被右绕的地方。那个地方应当成为塔庙。”

api tu ye te subhūte kulaputrā vā kuladuhitaro vā imānevaṃrūpān sūtrāntānudgrahīṣyanti dhārayiṣyanti vācayiṣyanti paryavāpsyanti, yoniśaśca manasikariṣyanti, parebhyaśca vistareṇa saṃprakāśayiṣyanti, te paribhūtā bhaviṣyanti, suparibhūtāśca bhaviṣyanti| tatkasya hetoḥ? yāni ca teṣāṃ subhūte sattvānāṃ paurvajanmikānyaśubhāni karmāṇi kṛtānyapāyasaṃvartanīyāni, dṛṣṭa eva dharme paribhūtatayā tāni paurvajanmikānyaśubhāni karmāṇi kṣapayiṣyanti, buddhabodhiṃ cānuprāpsyanti||

【罗什】

“复次，须菩提！善男子、善女人，受持读诵此经，若为人轻贱，是人先世罪业，应堕恶道，以今世人轻贱故，先世罪业则为消灭，当得阿耨多罗三藐三菩提。”

【玄奘】

“复次，善现！若善男子或善女人，于此经典受持、读诵、究竟通利，及广为他宣说、开示、如理作意，若遭轻毁，极遭轻毁。所以者何？善现！是诸有情宿生所造诸不净业应感恶趣，以现法中遭轻毁故，宿生所造诸不净业皆悉消尽，当得无上正等菩提。”

【新译】

（薄伽梵说：）“不过，须菩提啊！有能够接纳像这样的经典，能够受持、诵读、理解，能够合理地作意，并且能够向诸他者广为宣说的善男子或善女人，却被人所轻视，而且可能被人极为轻视。

这是为什么呢？须菩提啊！这些众生过去生的不净的作业已被造作，这些作业是要招致恶劣趣向的，因为在现法中被人轻视的缘故，他们就不仅得以消除这些往昔的不净的作业，而且还将成就佛的菩提。”

abhijānāmyahaṃ subhūte atīte'dhvanyasaṃkhyeyaiḥ kalpairasaṃkhyeyatarairdīpaṃkarasya tathāgatasyārhataḥ samyaksaṃbuddhasya pareṇa paratareṇa caturaśītibuddhakoṭiniyutaśatasahasrāṇyabhūvan ye mayārāgitāḥ, ārāgya na virāgitāḥ| yacca mayā subhūte te buddhā bhagavanta ārāgitāḥ, ārāgya na virāgitāḥ, yacca paścime kāle paścime samaye paścimāyāṃ pañcaśatyāṃ saddharmavipralopakāle vartamāne imānevaṃrūpān sūtrāntānudgrahīṣyanti dhārayiṣyanti vācayiṣyanti paryavāpsyanti, parebhyaśca vistareṇa saṃprakāśayiṣyanti, asya khalu punaḥ subhūte puṇyaskandhasyāntikādasau paurvakaḥ puṇyaskandhaḥ śatatamīmapi kalāṃ nopaiti, sahasratamīmapi śatasahasratamīmapi koṭitaīmapi koṭiśatatamīmapi koṭiśatasahasratamīmapi koṭiniyutaśatasahasratamīmapi| saṃkhyāmapi kalāmapi gaṇanāmapi upamāmapi upaniṣadamapi yāvadaupamyamapi na kṣamate||

【罗什】

“须菩提！我念：过去无量阿僧祇劫，于然灯佛前，得值八百四千万亿那由他诸佛，悉皆供养承事，无空过者；若复有人，于后末世，能受持读诵此经，所得功德，于我所供养诸佛功德，百分不及一，千万亿分乃至算数譬喻所不能及。”

【玄奘】

“何以故？善现！我忆：过去于无数劫复过无数，于然灯如来、应、正等觉先复过先，曾值八十四俱胝那庾多百千诸佛，我皆承事；既承事已，皆无违犯。善现！我于如是诸佛世尊皆得承事，既承事已皆无违犯。若诸有情后时、后分、后五百岁，正法将灭时分转时，于此经典受持、读诵、究竟通利，及广为他宣说、开示、如理作意。善现！我先福聚，于此福聚，百分计之所不能及，如是千分、若百千分、若俱胝百千分、若俱胝那庾多百千分、若数分、若计分、若算分、若喻分、若邬波尼杀昙分，亦不能及。”

【新译】

（薄伽梵说：）“我记得，须菩提啊！在过去的世代，在无数、更无数的劫波中，在然灯如来、阿罗汉、正确觉悟者往后、更往后，曾有八十四百千俱祇那由他诸佛，被我所此承事亲近，承事亲近后不相舍弃。

“须菩提啊！若我曾承事亲近这些诸佛、薄伽梵，承事亲近后不相舍弃；须菩提啊！若在末后的时间，在末后的时刻，在末后的五百年，当破坏正法的时间出现时，有人将会接纳、受持、诵读、理解像这样的这些经典，并且向诸他者广为宣说：须菩提啊！与这个福德集聚相比，在前面的这个福德集聚，甚至不及百分之一，千分之一，百千分之一，俱祇分之一，百俱祇分之一，百千俱祇分之一，百千俱祇那由多分之一，不及数分、算分、譬喻分、类比分，乃至不及类似分。”

sacetpunaḥ subhūte teṣāṃ kulaputrāṇāṃ kuladuhitṝṇāṃ vā ahaṃ puṇyaskandhaṃ bhāṣeyam, yāvatte kulaputrā vā kuladuhitaro vā tasmin samaye puṇyaskandhaṃ prasaviṣyanti, pratigrahīṣyanti, unmādaṃ sattvā anuprāpnuyuścittavikṣepaṃ vā gaccheyuḥ| api tu khalu punaḥ subhūte acintyo'tulyo'yaṃ dharmaparyāyastathāgatena bhāṣitaḥ| asya acintya eva vipākaḥ pratikāṅkṣitavyaḥ||16||

【罗什】

“须菩提！若善男子、善女人，于后末世，有受持读诵此经，所得功德，我若具说者，或有人闻，心则狂乱，狐疑不信。须菩提！当知是经义不可思议，果报亦不可思议。”

【玄奘】

“善现！我若具说当于尔时是善男子或善女人所生福聚，乃至是善男子、是善女人所摄福聚，有诸有情则便迷闷，心惑狂乱。是故，善现！如来宣说如是法门不可思议、不可称量，应当希冀不可思议所感异熟。”

【新译】

（薄伽梵说：）“再者，须菩提啊！假使我要是说出这些善男子或善女人的福德集聚——这些善男子或善女人，在此时刻，将会产生、接受多少福德集聚——众生们恐怕会达成迷惑，或者可能会变得心思散乱。

“再者，须菩提啊！如来所说的这个法门，不可思议，不可称量。可以预期这个法门（也）有不可思议的果报。”

atha khalvāyuṣmān subhūtirbhagavantametadavocat-kathaṃ bhagavan bodhisattvayānasaṃprasthitena sthātavyam, kathaṃ pratipattavyam, kathaṃ cittaṃ pragrahītavyam ? bhagavānāha-iha subhūte bodhisattvayānasaṃprasthitena evaṃ cittamutpādayitavyam-sarve sattvā mayā anupadhiśeṣe nirvāṇadhātau parinirvāpayitavyāḥ| evaṃ ca sattvān parinirvāpya na kaścitsattvaḥ parinirvāpito bhavati| tatkasya hetoḥ? sacetsubhūte bodhisattvasya sattvasaṃjñā pravarteta, na sa bodhisattva iti vaktavyaḥ| jīvasaṃjñā vā yāvatpudgalasaṃjñā vā pravarteta, na sa bodhisattva iti vaktavyaḥ| tatkasya hetoḥ? nāsti subhūte sa kaściddharmo yo bodhisattvayānasaṃprasthito nāma||

【罗什】

尔时，须菩提白佛言："世尊！善男子、善女人，发阿耨多罗三藐三菩提心，云何应住？云何降伏其心？"佛告须菩提："善男子、善女人，发阿耨多罗三藐三菩提者，当生如是心：'我应灭度一切众生。灭度一切众生已，而无有一众生实灭度者。'何以故？须菩提！若菩萨有我相、人相、众生相、寿者相，则非菩萨。所以者何？须菩提！实无有法发阿耨多罗三藐三菩提者。"

【玄奘】

尔时，具寿善现复白佛言："世尊！诸有发趣菩萨乘者，应云何住？云何修行？云何摄伏其心？"佛告善现："诸有发趣菩萨乘者，应当发起如是之心：'我当皆令一切有情于无余依妙涅槃界而般涅槃，虽度如是一切有情令灭度已，而无有情得灭度者。'何以故？善现！若诸菩萨摩诃萨有情想转，不应说名菩萨摩诃萨。所以者何？若诸菩萨摩诃萨不应说言有情想转，如是命者想、士夫想、补特伽罗想、意生想、摩纳婆想、作者想、受者想转，当知亦尔。何以故？善现！无有少法名为发趣菩萨乘者。"

【新译】

当时，长老须菩提问薄伽梵："薄伽梵啊！一个趋向菩萨乘者，应当如何安住，如何修行，如何摄伏其心？”

薄伽梵答:“须菩提啊！在这里，一个趋向菩萨乘者，应当这样生心:‘我要使一切众生都灭度于无余依涅槃界中。而且，在这样灭度众生们之后，没有任何一个众生成为被灭度者。’

“这是为什么呢？须菩提啊！假使一个菩萨，还会有关于众生的观念生起，那么这个菩萨就不应被称为所谓‘菩萨’。假使其有或者关于命者的观念……乃至或者关于补特伽罗的观念，还会生起，那么这个菩萨就不应被称为所谓‘菩萨’。

“为什么呢？须菩提啊！不存在名为‘趋向菩萨乘’的那某个法。”

tatkiṃ manyase subhūte asti sa kaściddharmo yastathāgatena dīpaṃkarasya tathāgatasyāntikādanuttarāṃ samyaksaṃbodhimabhisaṃbuddhaḥ? evamukte āyuṣmān subhūtirbhagavantametadavocat- yathāhaṃ bhagavato bhāṣitasyārthamājānāmi, nāsti sa bhagavan kaściddharmo yastathāgatena dīpaṃkarasya tathāgatasyārhataḥ samyaksaṃbuddhasyāntikādanuttarāṃ samyaksaṃbodhimabhisaṃbuddhaḥ| evamukte bhagavānāyuṣmantaṃ subhūtimetadavocat-evametatsubhūte, evametat| nāsti subhūte sa kaściddharmo yastathāgatena dīpaṃkarasya tathāgatasyārhataḥ samyaksaṃbuddhasy āntikādanuttarāṃ samyaksaṃbodhimabhisaṃbuddhaḥ| sacetpunaḥ subhūte kaściddharmastathāgatenābhisaṃbud dho'bhaviṣyat, na māṃ dīpaṃkarastathāgato vyākariṣyat- bhaviṣyasi tvaṃ māṇava anāgate'dhvani śākyamunirnāma tathāgato'rhan samyaksaṃbuddha iti| yasmāttarhi subhūte tathāgatenārhatā samyaksaṃbuddhena nāsti sa kaściddharmo yo'nuttarāṃ samyaksaṃbodhimabhisaṃbuddhaḥ, tasmādahaṃ dīpaṃkareṇa tathāgatena vyākṛta- bhaviṣyasi tvaṃ māṇava anāgate'dhvani śākyamunirnāma tathāgato'rhan samyaksaṃbuddha| tatkasya hetoḥ? tathāgata iti subhūte bhūtatathatāyā etadadhivacanam| tathāgata iti subhūte anutpādadharmatāyā etadadhivacanam| tathāgata iti subhūte dharmocchedasyaitadadhivacanam| tathāgata iti subhūte at yantānutpannasyaitadadhivacanam| tatkasya hetoḥ? eṣa subhūte anutpādo yaḥ paramārthaḥ| yaḥ kaścitsubhūte evaṃ vadet-tathāgatenārhatā samyaksaṃbuddhena anuttarā samyaksaṃbodhirabhisaṃbuddheti, sa vitathaṃ vadet| abhyācakṣīta māṃ sa subhūte asatodgṛhītena| tatkasya hetoḥ- ? nāsti subhūte sa kaściddharmo yastathāgatena anuttarāṃ samyaksaṃbodhimabhisaṃbuddhaḥ| yaśca subhūte tathāgatena dharmo'bhisaṃbuddho deśito vā tatra na satyaṃ na mṛṣā| tasmāttathāgato bhāṣate-sarvadharmā buddhadharmā iti| tatkasya hetoḥ? sarvadharmā iti subhūte adharmāstathāgatena bhāṣitāḥ| tasmāducyante sarvadharmā buddhadharmā iti||

【罗什】

“须菩提！于意云何？如来于然灯佛所，有法得阿耨多罗三藐三菩提不？”“不也，世尊！如我解佛所说义，佛于然灯佛所，无有法得阿耨多罗三藐三菩提。”佛言：“如是，如是！须菩提！实无有法如来得阿耨多罗三藐三菩提。须菩提！若有法如来得阿耨多罗三藐三菩提者，然灯佛则不与我授记：‘汝于来世，当得作佛，号释迦牟尼。’以实无有法得阿耨多罗三藐三菩提，是故然灯佛与我授记，作是言：‘汝于来世，当得作佛，号释迦牟尼。’何以故？如来者，即诸法如义。若有人言：‘如来得阿耨多罗三藐三菩提。’须菩提！实无有法佛得阿耨多罗三藐三菩提。须菩提！如来所得阿耨多罗三藐三菩提，于是中无实无虚。是故如来说：‘一切法皆是佛法。’须菩提！所言一切法者，即非一切法，是故名一切法。”

【玄奘】

佛告善现："于汝意云何？如来昔于然灯如来、应、正等觉所，颇有少法能证阿耨多罗三藐三菩提不？"作是语已，具寿善现白佛言："世尊！如我解佛所说义者，如来昔于然灯如来、应、正等觉所，无有少法能证阿耨多罗三藐三菩提。"说是语已，佛告具寿善现言："如是，如是，善现！如来昔于然灯如来、应、正等觉所，无有少法能证阿耨多罗三藐三菩提。何以故？善现！如来昔于然灯如来、应、正等觉所，若有少法能证阿耨多罗三藐三菩提者，然灯如来、应、正等觉不应授我记言：'汝摩纳婆，于当来世名释迦牟尼如来、应、正等觉。'善现！以如来无有少法能证阿耨多罗三藐三菩提，是故然灯如来、应、正等觉授我记言：'汝摩纳婆，于当来世名释迦牟尼如来、应、正等觉。'所以者何？善现！言如来者，即是真实真如增语；言如来者，即是无生法性增语；言如来者，即是永断道路增语；言如来者，即是毕竟不生增语。何以故？善现！若实无生，即最胜义。善现！若如是说：如来、应、正等觉能证阿耨多罗三藐三菩提者，当知此言为不真实。所以者何？善现！由彼谤我，起不实执。何以故？善现！无有少法，如来、应、正等觉能证阿耨多罗三藐三菩提。善现！如来现前等所证法，或所说法，或所思法，即于其中非谛非妄，是故如来说一切法皆是佛法。善现！一切法、一切法者，如来说非一切法，是故如来说名一切法、一切法。”

【新译】

（薄伽梵问：）“须菩提啊！你心里怎么想呢？存在如来在然灯如来的身边觉证无上的正确觉悟这某个法吗？”

如此说罢，长老须菩提答薄伽梵：“按照我理解薄伽梵所说言教的意思，薄伽梵啊！并不存在如来在然灯如来的身边觉证无上的正确觉悟这某个法。”

这样说罢，薄伽梵对长老须菩提说：“此事如此，须菩提啊！此事如此。须菩提啊！不存在如来在然灯如来、阿罗汉、正确觉悟者的身边觉证无上的正确觉悟这某个法；

“再者，须菩提啊！假使会存在如来觉悟这某个法，然灯如来就不会给我授记：‘年轻人！在未来的世代，你将会成为名为释迦牟尼的如来、阿罗汉、正确觉悟者。’

“因为不存在如来、阿罗汉、正确觉悟者觉证无上的正确觉悟这某个法，所以然灯如来才会为我授记：‘年轻人！在未来的世代，你将会成为名为释迦牟尼的如来、阿罗汉、正确觉悟者。’

“为什么呢？须菩提啊！这所谓‘如来’，是真实如性的名称；须菩提啊！这所谓‘如来’，是无生法性的名称；须菩提啊！这所谓‘如来’，是法之切断的名称；须菩提啊！这所谓‘如来’，是彻底不生者的名称。为什么呢？须菩提啊！是胜义者就是无生。

“须菩提啊！若某人这样说话：‘如来、阿罗汉、正确觉悟者，觉证了无上的正确觉悟。’那么此人是虚妄地说话。须菩提啊！此人是根据不正确的观念看待我。

“为什么呢？须菩提啊！不存在如来觉证无上的正确觉悟这某个法。

“须菩提啊！凡是如来所觉证、所说的法，则于其中既不真实，也不虚妄。因此，如来才说：‘一切诸法都是佛法。’

“为什么呢？所谓‘一切诸法’，须菩提啊！如来说为非（一切）诸法，因而被说成‘一切诸法都是佛法’。”

tadyathāpi nāma subhūte puruṣo bhavedupetakāyo mahākāyaḥ? āyuṣmān subhūtirāha- yo'sau bhagavaṃstathāgatena puruṣo bhāṣita upetakāyo mahākāya iti, akāyaḥ sa bhagavaṃstathāgatena bhāṣitaḥ| tenocyate upetakāyo mahākāya iti||

【罗什】

“须菩提！譬如人身长大。”须菩提言：“世尊！如来说人身长大，则为非大身，是名大身。”

【玄奘】

佛告善现：“譬如士夫具身大身。”具寿善现即白佛言：“世尊！如来所说士夫具身大身，如来说为非身，是故说名具身大身。”

【新译】

（薄伽梵说：）“须菩提啊！就好比会有一个人，此人是拥有具足的身体者，是拥有巨大的身体者。”

长老须菩提答：“薄伽梵啊！凡是如来说为‘拥有具足的身体者，拥有巨大的身体者’，薄伽梵啊！如来就说此人为非拥有（具足的或巨大的）身体者，因而被称为所谓‘拥有具足的身体者，拥有巨大的身体者’。”

bhagavānāha -evametatsubhūte| yo bodhisattva evaṃ vadet-ahaṃ sattvān parinirvāpayiṣyāmiti, na sa bodhisattva iti vaktavyaḥ| tatkasya hetoḥ? asti subhūte sa kaściddharmo yo bodhisattvo nāma ? subhūtirāha-no hīdaṃ bhagavan| nāsti sa kaściddharmo yo bodhisattvo nāma| bhagavānāha- sattvāḥ sattvā iti subhūte asattvāste tathāgatena bhāṣitāḥ, tenocyante sattvā iti| tasmāttathāgato bhāṣate-nirātmānaḥ sarvadharmā nirjīvā niṣpoṣā niṣpudgalāḥ sarvadharmā iti||

【罗什】

“须菩提！菩萨亦如是。若作是言：‘我当灭度无量众生。’则不名菩萨。何以故？须菩提！实无有法，名为菩萨。是故佛说：‘一切法无我、无人、无众生、无寿者。’”

【玄奘】

佛言：“善现！如是，如是。若诸菩萨作如是言：‘我当灭度无量有情。’是则不应说名菩萨。何以故？善现！颇有少法名菩萨不？”善现答言：“不也，世尊！无有少法，名为菩萨。”佛告善现：“有情、有情者，如来说非有情，故名有情。是故如来说一切法无有有情，无有命者，无有士夫，无有补特伽罗等。”

【新译】

薄伽梵说：“此事如此，须菩提啊！若一个菩萨这样说话：‘我要使诸众生都得以灭度。’那么这个菩萨就不可被称为‘菩萨’。为什么呢？须菩提啊！存在名为‘菩萨’

的那某个法吗？”

须菩提答：“确实，薄伽梵啊！没有这回事。并不存在名为‘菩萨’的这某个法。”

薄伽梵说：“所谓‘诸众生，诸众生’，须菩提啊！如来说其为非诸众生，因而被称为‘诸众生’。因此，如来说：‘一切诸法都是无自我的，一切诸法都是无命者、无养育者、无补特伽罗的。’”

yaḥ subhūte bodhisattva evaṃ vadet- ahaṃ kṣetravyūhānniṣpādayiṣyāmīti, sa vitathaṃ vadet| tatkasya hetoḥ? kṣetravyūhāḥ kṣetravyūhā iti subhūte avyūhāste tathāgatena bhāṣitāḥ| tenocyante kṣetravyūhā iti||

【罗什】

“须菩提！若菩萨作是言：‘我当庄严佛土。’是不名菩萨。何以故？如来说庄严佛土者，即非庄严，是名庄严。”

【玄奘】

“善现！若诸菩萨作如是言：‘我当成办佛土功德庄严。’亦如是说。何以故？善现！佛土功德庄严、佛土功德庄严者，如来说非庄严，是故如来说名佛土功德庄严、佛土功德庄严。”

【新译】

（薄伽梵说：）“须菩提啊！若一个菩萨这样说话：‘我要达成净化国土。”那么这个菩萨是虚妄地说话。为什么呢？所谓‘净化国土、净化国土’，须菩提啊！如来说其为非净化（国土），因而被称为‘净化国土’。”

yaḥ subhūte bodhisattvo nirātmāno dharmā nirātmāno dharmā ityadhimucyate, tathāgatenārhatā samyaksaṃbuddhena bodhisattvo mahāsattva ityākhyātaḥ||17||

【罗什】

“须菩提！若菩萨通达无我法者，如来说名真是菩萨。”

【玄奘】

“善现！若诸菩萨于无我法、无我法深信解者，如来、应、正等觉说为菩萨菩萨。”

【新译】

（薄伽梵说：）“须菩提啊！若一个菩萨得以信解‘诸

法无我、诸法无我'，如来、阿罗汉、正确觉悟者，就称其为'菩萨摩诃萨'。"

bhagavānāha-tatkiṃ manyase subhūte-saṃvidyate tathāgatasya māṃsacakṣuḥ? subhūtirāha- evametadbhagavan, saṃvidyate tathāgatasya māṃsacakṣuḥ| bhagavānāha-tatkiṃ manyase subhūte saṃvidyate tathāgatasya divyaṃ cakṣuḥ? subhūtirāha-evametadbhagavan, saṃvidyate tathāgatasya divyaṃ cakṣuḥ| bhagavānāha-tatkiṃ manyase subhūte saṃvidyate tathāgatasya prajñācakṣuḥ? subhūtirāha-evametadbhagavan, saṃvidyate tathāgatasya prajñācakṣuḥ| bhagavānāha-tatkiṃ manyase subhūte saṃvidyate tathāgatasya dharmacakṣuḥ? subhūtirāha-evametadbhagavan, saṃvidyate tathāgatasya dharmacakṣuḥ| bhagavānāha- tatkiṃ manyase subhūte saṃvidyate tathāgatasya buddhacakṣuḥ? subhūtirāha-evametadbhagavan, saṃvidyate tathāgata buddhacakṣuḥ|

bhagavānāha-tatkiṃ manyase subhūte yāvantyo gaṅgāyāṃ mahānadyāṃ vālukāḥ, api nu tā vālukāstathāgatena bhāṣitāḥ? subhūtirāha-evametadbhagavan, evametat sugata| bhāṣitāstathāgatena vālukāḥ| bhagavānāha-tatkiṃ manyase subhūte yāvatyo gaṅgāyāṃ mahānadyāṃ vālukāḥ, tāvatya eva gaṅgānadyo bhaveyuḥ, tāsu vā vālukāḥ, tāvantaśca lokadhātavo bhaveyuḥ, kaccidbahavaste lokadhātavo bhaveyuḥ? subhūtirāha-evametadbhagavan, evametat sugata| bahavaste lokadhātavo bhaveyuḥ| bhagavānāha-yāvantaḥ subhūte teṣu lokadhātuṣu sattvāḥ, teṣāmahaṃ nānābhāvāṃ cittadhārāṃ prajānāmi| tatkasya hetoḥ? cittadhārā cittadhāreti subhūte adhāraiṣā tathāgatena bhāṣitā, tenocyate cittadhāreti| tatkasya hetoḥ? atītaṃ subhūte cittaṃ nopalabhyate| anāgataṃ cittaṃ nopalabhyate| pratyutpannaṃ cittaṃ nopalabhyate||18||

【罗什】

“须菩提！于意云何？如来有肉眼不？”“如是，世尊！如来有肉眼。”“须菩提！于意云何？如来有天眼不？”“如是，世尊！如来有天眼。”“须菩提！于意云何？如来有慧眼不？”“如是，世尊！如来有慧眼。”“须菩提！于意云何？如来有法眼不？”“如是，世尊！如来有法眼。”“须菩提！于意云何？如来有佛眼不？”“如是，世尊！如来有佛眼。”“须菩提！于意云何？恒河中所有沙，佛说是沙不？”“如是，世尊！如来说是沙。”“须菩提！于意云何？如一恒河中所有沙，有如是等恒河，是诸恒河所有沙数佛世界，如是宁为多不？”“甚多，世尊！”佛告须菩提：“尔所国土中，所有众生，若干种心，如来悉知。何以故？

如来说诸心，皆为非心，是名为心。所以者何？须菩提！过去心不可得，现在心不可得，未来心不可得。”

【玄奘】

佛告善现：“于汝意云何？如来等现有肉眼不？”善现答言：“如是，世尊！如来等现有肉眼。”佛言：“善现！于汝意云何？如来等现有天眼不？”善现答言：“如是，世尊！如来等现有天眼。”佛言：“善现！于汝意云何？如来等现有慧眼不？”善现答言：“如是，世尊！如来等现有慧眼。”佛言：“善现！于汝意云何？如来等现有法眼不？”善现答言：“如是，世尊！如来等现有法眼。”佛言：“善现！于汝意云何？如来等现有佛眼不？”善现答言：“如是，世尊！如来等现有佛眼。”佛告善现：“于汝意云何？乃至殑伽河中所有诸沙，如来说是沙不？”善现答言：“如是，世尊！如是，善逝！如来说是沙。”佛言：“善现！于汝意云何？乃至殑伽河中所有沙数，假使有如是等殑伽河，乃至是诸殑伽河中所有沙数，假使有如是等世界。是诸世界宁为多不？”善现答言：“如是，世尊！如是，善逝！是诸世界其数甚多。”佛言：“善现！乃至尔所诸世界中所有有情，彼诸有情各有种种，其心流注，我悉能知。何以故？善现！心流注、心流注者，如来说非流注，是故如来说名心流注、心流注。所以者何？善现！过去心不可得，未来心不可得，现在心不可得。”

【新译】

薄伽梵问：“须菩提啊！你心里怎么想呢？如来的肉眼存在吗？”

须菩提答：“此事如此，薄伽梵啊！如来的肉眼存在。”

薄伽梵问：“须菩提啊！你心里怎么想呢？如来的天眼存在吗？”

须菩提答：“此事如此，薄伽梵啊！如来的天眼存在。”

薄伽梵问：“须菩提啊！你心里怎么想呢？如来的慧眼存在吗？”

须菩提答：“此事如此，薄伽梵啊！如来的慧眼存在。”

薄伽梵问：“须菩提啊！你心里怎么想呢？如来的法眼存在吗？”

须菩提答：“此事如此，薄伽梵啊！如来的法眼存在。”

薄伽梵问：“须菩提啊！你心里怎么想呢？如来的佛眼存在吗？”

须菩提答：“此事如此，薄伽梵啊！如来的佛眼存在。”

薄伽梵问：“须菩提啊！你心里怎么想呢？若恒河中有多少沙粒，如来岂不说这些沙粒为沙粒吗？”

须菩提答：“此事如此，薄伽梵啊！此事如此，善逝啊！如来说这些沙粒为沙粒。”

薄伽梵问：“须菩提啊！你心里怎么想呢？若恒河中有多少沙粒，就会有那么多恒河；而若这些恒河中有多少沙粒，就会有那么多世界：那么这些世界绝对会很多吧？”

须菩提答：“此事如此，薄伽梵啊！此事如此，善逝啊！这些世界会是很多的。”

薄伽梵说：“须菩提啊！这些世界中有多少众生，我就懂得这些众生种种形态的心之迁流。

“为什么呢？所谓‘心之迁流，心之迁流’，须菩提啊！如来说其为非（心之）迁流，因而被称为所谓‘心之迁流’。

“为什么呢？须菩提啊！我们得不到过去的心，得不到未来的心，得不到现在的心。”

tatkiṃ manyase subhūte yaḥ kaścitkulaputro vā kuladuhitā vā imaṃ trisāhasramahāsāhasraṃ lokadhātuṃ saptaratnaparipūrṇaṃ kṛtvā tathāgatebhyo'rhadbhayaḥ samyaksaṃbuddhebhyo dānaṃ dadyāt, api nu sa kulaputro vā kuladuhitā vā tatonidānaṃ bahu puṇyaskandhaṃ prasunuyāt ? subhūtirāha- bahu bhagavan, bahu sugata| bhagavānāha-evametatsubhūte, evametat| bahu sa kulaputro vā kuladuhitā vā tatonidānaṃ puṇyaskandhaṃ prasunuyādaprameyamasaṃkhyeyam| tatkasya hetoḥ? puṇyaskandhaḥ puṇyaskandha iti subhūte askandhaḥ sa tathāgatena bhāṣitaḥ| tenocyate puṇyaskandha iti| sacet punaḥ subhūte puṇyaskandho'bhaviṣyat, na tathāgato'bhāṣiṣyat puṇyaskandhaḥ puṇyaskandha iti||19||

【罗什】

“须菩提！于意云何？若有人满三千大千世界七宝，以用布施，是人以是因缘，得福多不？”“如是，世尊！此人以是因缘，得福甚多。”“须菩提！若福德有实，如来不说得福德多。以福德无故，如来说得福德多。”

【玄奘】

佛告善现：“于汝意云何？若善男子或善女人，以此三千大千世界盛满七宝，奉施如来、应、正等觉，是善男子或善女人，由是因缘，所生福聚宁为多不？”善现答言：“甚多，世尊！甚多，善逝！”佛言：“善现！如是，如是，彼善男子或善女人，由此因缘，所生福聚其量甚多。何以故？善现！若有福聚，如来不说福聚、福聚。”

【新译】

（薄伽梵问：）“须菩提啊！你心里怎么想呢？若有某个善男子或善女人，把此三千大千世界都充满了七宝，向诸如来、阿罗汉、正确觉悟者，实行布施，那么这个善男子或善女人，以此因缘，岂不是可以产生很多的福德集聚？”

须菩提答：“薄伽梵啊！有很多（福德集聚）；善逝啊！有很多（福德集聚）。

薄伽梵说：“此事如此，须菩提啊！此事如此。这个善男子或善女人，以此因缘，可以产生很多无量、无数的福德集聚。

“为什么呢？所谓‘福德集聚，福德集聚’，须菩提啊！如来说其为非（福德）集聚，因而被称为‘福德集聚’。

“再者，须菩提啊！假使会有福德集聚，如来就不会说所谓‘福德集聚、福德集聚’。”

tatkiṃ manyase subhūte rūpakāyapariniṣpattyā tathāgato draṣṭavyaḥ? subhūtirāha-no hīdaṃ bhagavan| na rūpakāyapariniṣpattyā tathāgato draṣṭavyaḥ| tatkasya hetoḥ? rūpakāyapariniṣpattī rūpakāyapariniṣpattiriti bhagavan aparinişpattireşā tathāgatena bhāşitā| tenocyate rūpakāyaparinişpattiriti||

【罗什】

“须菩提！于意云何？佛可以具足色身见不？”“不也，世尊！如来不应以具足色身见。何以故？如来说具足色身，即非具足色身，是名具足色身。”

【玄奘】

佛告善现：“于汝意云何？可以色身圆实观如来不？”善现答言：“不也，世尊！不可以色身圆实观于如来。何以故？世尊！色身圆实、色身圆实者，如来说非圆实，是故如来说名色身圆实、色身圆实。”

【新译】

（薄伽梵问：）“须菩提啊！你心里怎么想呢？可以根据成就色身看待如来吗？”

须菩提答：“确实，薄伽梵啊！没有这回事，不可以根据成就色身看待如来。

“为什么呢？所谓‘成就色身，成就色身’，薄伽梵啊！如来说其为非成就（色身），因而被称为‘成就色身’。”

bhagavānāha- tatkiṃ manyase subhūte lakṣaṇasaṃpadā tathāgato draṣṭavyaḥ? subhūtirāha-no hīdaṃ bhagavān| na lakṣaṇasaṃpadā tathāgato draṣṭavyaḥ| tatkasya hetoḥ? yaiṣā bhagavan lakṣaṇasaṃpattathāgatena bhāṣitā, alakṣaṇasaṃpadeṣā tathāgatena bhāṣitā| tenocyate lakṣaṇasaṃpaditi||20||

【罗什】

"须菩提！于意云何？如来可以具足诸相见不？""不也，世尊！如来不应以具足诸相见。何以故？如来说诸相具足，即非具足，是名诸相具足。"

【玄奘】

佛告善现："于汝意云何？可以诸相具足观如来不？"善现答言："不也，世尊！不可以诸相具足观于如来。何以故？世尊！诸相具足、诸相具足者，如来说为非相具足，是故如来说名诸相具足、诸相具足。"

【新译】

薄伽梵说："须菩提啊！你心里怎么想呢？可以根据具足诸相看待如来吗？"

须菩提答："确实，薄伽梵啊！没有这回事，不可以根据具足诸相看待如来。

“为什么呢？薄伽梵啊！凡是如来所说的那具足诸相，就是如来所说的非具足诸相，因而被称为‘具足诸相’。”

bhagavānāha- tatkiṃ manyase subhūte api nu tathāgatasyaivaṃ bhavati-mayā dharmo deśita iti ? subhūtirāha-no hīdaṃ bhagavan tathāgatasyaivaṃ bhavati-mayā dharmo deśita iti| bhagavānāha-yaḥ subhūte evaṃ vadet- tathāgatena dharmo deśita iti, sa vitathaṃ vadet| abhyācakṣīta māṃ sa subhūte asatodgṛhītena| tatkasya hetoḥ? dharmadeśanā dharmadeśaneti subhūte nāsti sa kaściddharmo yo dharmadeśanā nāmopalabhyate||

【罗什】

“须菩提！汝勿谓如来作是念：‘我当有所说法。’莫作是念。何以故？若人言：‘如来有所说法。’即为谤佛，不能解我所说故。须菩提！说法者，无法可说，是名说法。”

【玄奘】

佛告善现：“于汝意云何？如来颇作是念‘我当有所说法’耶？善现！汝今勿当作如是观。何以故？善现！若言如来有所说法，即为谤我，为非善取。何以故？善现！

说法说法者，无法可得，故名说法。”

【新译】

薄伽梵说：“须菩提啊！你心里怎么想呢？难道如来这样想——‘我说了法’吗？”

须菩提答：“确实，薄伽梵啊！没有这回事：如来这样想——‘我说了法。’”

薄伽梵说：“须菩提啊！凡是这样说话——‘如来说了法’，那么此人就应当在虚妄地说话。须菩提啊！此人大概是根据不正确的观念看待我。

“为什么呢？所谓‘说法，说法’，须菩提啊！没有名为‘说法’的这某个法被（如来）得到啊。”

evamukte āyuṣmān subhūtirbhagavantametadavocat-asti bhagavan kecitsattvā bhaviṣyantyanāgate'dhvani paścime kāle paścime samaye paścimāyāṃ pañcaśatyāṃ saddharmavipralope vartamāne, ya imānevaṃrūpān dharmān śrutvā abhiśraddhāsyanti| bhagavānāha- na te subhūte sattvā nāsattvāḥ| tatkasya hetoḥ? sattvāḥ sattvā iti subhūte sarve te subhūte asattvāstathāgatena bhāṣitāḥ| tenocyante sattvā iti||21||

【罗什】

尔时，慧命须菩提白佛言："世尊！颇有众生，于未来世，闻说是法，生信心不？"佛言："须菩提！彼非众生，非不众生。何以故？须菩提！众生、众生者，如来说非众生，是名众生。"

【玄奘】

尔时，具寿善现白佛言："世尊！于当来世，后时、后分、后五百岁，正法将灭时分转时，颇有有情，闻说如是色类法已，能深信不？"佛言："善现！彼非有情，非不有情。何以故？善现！一切有情者，如来说非有情，故名一切有情。"

【新译】

这样说罢，长老须菩提对薄伽梵说："薄伽梵啊！在未来的世代，在末后的时间，在末后的时刻，在末后的五百年，当破坏正法出现时，将会有一些众生，他们听闻了如此这般的诸法，将会相信吗？"

薄伽梵答："须菩提啊！这些众生不是诸众生，不是非诸众生。

"为什么呢？所谓'诸众生，诸众生'，须菩提啊！如来说所有这些众生都是非诸众生，因而被称为‘诸众生’。”

tatkiṃ manyase subhūte-api nu asti sa kaściddharmaḥ, yastathāgatenānuttarāṃ samyaksaṃbodhimabhisaṃbuddhaḥ? āyuṣmān subhūtirāha-no hīdaṃ bhagavan| nāsti sa bhagavan kaściddharmo yastathāgatenānuttarāṃ samyaksaṃbodhimabhisaṃbuddhaḥ| bhagavānāha-evametatsubhūte, evametat| aṇurapi tatra dharmo na saṃvidyate nopalabhyate| tenocyate anuttarā samyaksaṃbodhiriti||22||

【罗什】

须菩提白佛言：“世尊！佛得阿耨多罗三藐三菩提，为无所得耶？”“如是，如是，须菩提！我于阿耨多罗三藐三菩提乃至无有少法可得，是名阿耨多罗三藐三菩提。”

【玄奘】

佛告善现：“于汝意云何？颇有少法，如来、应、正等觉现证无上正等菩提耶？”具寿善现白佛言：“世尊！如我解佛所说义者，无有少法，如来、应、正等觉现证无上正等菩提。”佛言：“善现！如是，如是，于中少法无有无得，故名无上正等菩提。”

【新译】

（薄伽梵问：）“须菩提啊！你心里怎么想呢？难道存在如来觉证无上的正确觉悟这某个法吗？”

长老须菩提答：“确实，薄伽梵啊！没有这回事。薄伽梵啊！并不存在如来觉证无上的正确觉悟这某个法。”

薄伽梵说：“此事如此，须菩提啊！此事如此。若于其中并不感知，并不获得即便少许的法，因而被称为‘无上的正确觉悟’。”

api tu khalu punaḥ subhūte samaḥ sa dharmo na tatra kaścidviṣamaḥ| tenocyate anuttarā samyaksaṃbodhiriti| nirātmatvena niḥsattvatvena nirjīvatvena niṣpudgalatvena samā sā anuttarā samyaksaṃbodhiḥ sarvaiḥ kuśalairdharma irabhisaṃbudhyate| tatkasya hetoḥ? kuśalā dharmāḥ kuśalā dharmā iti subhūte adharmāścaiva te tathāgatena bhāṣitāḥ| tenocyante kuśalā dharmā iti||23||

【罗什】

“复次，须菩提！是法平等，无有高下，是名阿耨多罗三藐三菩提。以无我、无人、无众生、无寿者，修一切善法，则得阿耨多罗三藐三菩提。须菩提！所言善法者，如来说非善法，是名善法。”

【玄奘】

“复次，善现！是法平等，于其中间无不平等，故名无上正等菩提。以无我性、无有情性、无命者性、无士夫性、无补特伽罗等性平等，故名无上正等菩提。一切善法无不现证，一切善法无不妙觉。善现！善法、善法者，如来一切说为非法，是故如来说名善法、善法。”

【新译】

（薄伽梵说：）“再者，须菩提啊！这个法是平等的，于其中没有任何东西是不平等的，因而被称为‘无上的正确觉悟’。

“由于无我性，无众生性，无命者性，无补特伽罗性，这个平等的无上的正确觉悟，凭借一切善法而被觉证。

“为什么呢？所谓“诸善法，诸善法”，须菩提啊！如来说其为非诸（善）法，因而被称为‘诸善法’。”

yaśca khalu punaḥ subhute strī vā puruṣo vā yāvantastrisāhasramahāsāhasre lokadhātau sumeravaḥ parvatarājānaḥ, tāvato rāśīn saptānāṃ ratnānāmabhisaṃhṛtya tathāgatebhyo'rhadbhayaḥ samyaksaṃbuddhebhyo dānaṃ dadyāt, yaśca kulaputro vā kuladuhitā vā itaḥ prajñāpāramitāyā dharmaparyāyādantaśaścatuṣpādikāmapi gāthāmudgṛhya parebhyo deśayet, asya subhūte puṇyaskandhasya asau paurvakaḥ puṇyaskandhaḥ śatatamīmapi kalāṃ nopaiti, yāvadupaniṣadamapi na kṣamate||24||

【罗什】

"须菩提！若三千大千世界中所有诸须弥山王，如是等七宝聚，有人持用布施；若人以此般若波罗蜜经，乃至四句偈等，受持读诵，为他人说，于前福德百分不及一，百千万亿分，乃至算、数、譬喻所不能及。"

【玄奘】

"复次，善现！若善男子或善女人集七宝聚、量等三千大千世界其中所有妙高山王，持用布施；若善男子或善女人，于此般若波罗蜜多经中，乃至四句伽他，受持、读诵、究竟通利，及广为他宣说、开示、如理作意。善现！前说福聚于此福聚，百分计之所不能及，如是千分、若百千分、若俱胝百千分、若俱胝那庾多百千分、若数分、若计分、若算分、若喻分、若邬波尼杀昙分，亦不能及。”

【新译】

（薄伽梵说：）“再者，须菩提啊！若有一个女人或者男人，凡是在三千大千世界中有多少须弥山王，就汇聚这么多七宝之聚，向诸如来、阿罗汉、正确觉悟者，实行布施；其次，若有一个善男子或善女人，由此般若波罗蜜多法门，乃至即便接受一个四句伽他，向诸他者开示：须菩提啊！那个前者的福德集聚，不及这个后者福德集聚的百分之一……乃至不堪类比。”

tatkiṃ manyase subhūte-api nu tathāgatasyaivaṃ bhavati-mayā sattvāḥ parimocitā iti? na khalu punaḥ subhūte evaṃ draṣṭavyam| tatkasya hetoḥ? nāsti subhūte kaścitsattvo yastathāgatena parimocitaḥ| yadi punaḥ subhūte kaścits attvo'bhaviṣyadyastathāgatena parimocitaḥ syāt, sa eva tathāgatasyātmagrāho'bhaviṣyat, sattvagrāho jīvagrāhaḥ pudgalagrāho'bhaviṣyat| ātmagrāha iti subhūte agrāha eṣa tathāgatena bhāṣitaḥ| sa ca bālapṛthagjanairudgṛhītaḥ| bālapṛthagjanā iti subhūte ajanā eva te tathāgatena bhāṣitāḥ| tenocyante bālapṛthagjanā iti||25||

【罗什】

“须菩提！于意云何？汝等勿谓如来作是念：‘我当度众生。’须菩提！莫作是念。何以故？实无有众生如来度者。若有众生如来度者，如来则有我、人、众生、寿者。须菩提！如来说有我者，则非有我，而凡夫之人以为有我。须菩提！凡夫者，如来说则非凡夫。”

【玄奘】

佛告善现：“于汝意云何？如来颇作是念：‘我当度脱诸有情’耶？善现！汝今勿当作如是观。何以故？善现！无少有情如来度者。善现！若有有情如来度者，如来即应有其我执，有有情执，有命者执，有士夫执，有补特伽罗等执。善现！我等执者，如来说为非执，故名我等执。而诸愚夫异生，强有此执。善现！愚夫异生者，如来说为非生，故名愚夫异生。”

【新译】

（薄伽梵说：）“须菩提啊！你心里怎么想呢？难道如来这样想：‘我度脱了众生们？’

“再者，须菩提啊！你不要这样看。为什么呢？须菩提啊！并不存在由如来所度脱的那任何众生。

“再者，须菩提啊！如果会存在由如来所度脱的那任何众生，那么如来就会有那种关于自我的知觉，就会有那种关于众生的知觉，关于命者的知觉，关于补特伽罗的知觉。

“所谓‘关于自我的知觉’，须菩提啊！如来说其为非（关于自我的）知觉。然而，它被愚痴的异生们所知觉。

“所谓‘愚痴的异生’，须菩提啊！如来说其为非（愚痴的异）生，因而被称为‘愚痴的异生’。”

tatkiṃ manyase subhūte-lakṣaṇasaṃpadā tathāgato draṣṭavyaḥ? subhūtirāha-no hīdaṃ bhagavan| yathāhaṃ bhagavato bhāṣitasyārthamājānāmi, na lakṣaṇasaṃpadā tathāgato draṣṭavyaḥ| bhagavānāha-sādhu sādhu subhūte, evametatsubhūte, evametadyathā vadasi| na lakṣaṇasaṃpadā tathāgato draṣṭavyaḥ| tatkasya hetoḥ? sacetpunaḥ subhūte lakṣaṇasaṃpadā tathāgato draṣṭavyo'bhaviṣyat, rājāpi cakravartī tathāgato'bhaviṣyat| tasmānna lakṣaṇasaṃpadā tathāgato draṣṭavyaḥ| āyuṣmān subhutirbhagavantametadavocat-yathāhaṃ bhagavato bhāṣitasyārthamājānāmi, na lakṣaṇasaṃpadā tathāgato draṣṭavyaḥ||

【罗什】

“须菩提！于意云何？可以三十二相观如来不？”须菩提言：“如是，如是，以三十二相观如来。”佛言：“须菩提！若以三十二相观如来者，转轮圣王则是如来。”须菩提白佛言：“世尊！如我解佛所说义，不应以三十二相观如来。”

【玄奘】

佛告善现：“于汝意云何？可以诸相具足观如来不？”善现答言：“如我解佛所说义者，不应以诸相具足观于如来。”佛言：“善现！善哉，善哉；如是，如是。如汝所说：不应以诸相具足观于如来。善现！若以诸相具足观如来者，转轮圣王应是如来，是故不应以诸相具足观于如来，如是应以诸相非相观于如来。”

【新译】

（薄伽梵问：）“须菩提啊！你心里怎么想呢？可以根据具足诸相看待如来吗？”

须菩提答：“确实，薄伽梵啊！没有这回事。按照我理解如来所说言教的意思，那么不可以根据具足诸相看待如来。”

薄伽梵说：“太好了，太好了，须菩提啊！此事如此，须菩提啊！此事如此，正如你所说：不可以根据具足诸相看待如来。

“再者，为什么呢？须菩提啊！假使可有此事：可以根据具足诸相看待如来，那么一个转轮王也就可以是如来了。因此，不可以根据具足诸相看待如来。”

长老须菩提对薄伽梵说：“按照我理解薄伽梵所说言教的意思，不可以根据具足诸相看待如来。”

atha khalu bhagavāṃstasyāṃ velāyāmime gāthe abhāṣata-

ye māṃ rūpeṇa cādrākṣurye māṃ ghoṣeṇa cānvaguḥ|

mithyāprahāṇaprasṛtā na māṃ drakṣyanti te janāḥ||1||

【罗什】

尔时，世尊而说偈言：“若以色见我，以音声求我，是人行邪道，不能见如来。”

【玄奘】

尔时，世尊而说颂曰：“诸以色观我，以音声寻我，彼生履邪断，不能当见我。”

【新译】

当时，在那个时刻，薄伽梵就说了下面两个伽他：

“凡是根据色相见过我，以及根据音声追过我，这些人流荡于虚妄地断除，他们不会见到我。”

dharmato buddho draṣṭavyo dharmakāyā hi nāyakāḥ|
dharmatā ca na vijñeyā na sā śakyā vijānitum||2||26||

【罗什】

阙文

【玄奘】

“应观佛法性，即导师法身；法性非所识，故彼不能了。”

【新译】

“应当根据法看待佛陀，因为，导师们是以法为身体的；而法性是不可被认识的，它不能够被人们识别。”

tatkiṃ manyase subhūte lakṣaṇasaṃpadā tathāgatena anuttarā samyaksaṃbodhirabhisaṃbuddhā? na khalu punaste subhūte evaṃ draṣṭavyam| tatkasya hetoḥ? na hi subhūte lakṣaṇasaṃpadā tathāgatena anuttarā samyaksaṃbodhirabhisaṃbuddhā syāt| na khalu punaste subhūte kaścidevaṃ vadet-bodhisattvayānasaṃprasthitaiḥ kasyaciddharmasya vināśaḥ prajñaptaḥ ucchedo veti| na khalu punaste subhūte evaṃ draṣṭavyam| tatkasya hetoḥ? na bodhisattvayānasaṃprasthitaiḥ kasyaciddharmasya vināśaḥ prajñapto nocchedaḥ||27||

【罗什】

“须菩提！汝若作是念：‘如来不以具足相故，得阿耨多罗三藐三菩提。’须菩提！莫作是念：‘如来不以具足相故，得阿耨多罗三藐三菩提。’须菩提！汝若作是念：‘发阿耨多罗三藐三菩提者，说诸法断灭相。’莫作是念。何以故？发阿耨多罗三藐三菩提心者，于法不说断灭相。”

【玄奘】

佛告善现：“于汝意云何？如来、应、正等觉以诸相具足现证无上正等觉耶？善现！汝今勿当作如是观。何以故？善现！如来、应、正等觉不以诸相具足现证无上正等菩提。复次，善现！如是发趣菩萨乘者，颇施设少法若坏若断耶？善现！汝今勿当作如是观。诸有发趣菩萨乘者，终不施设少法若坏若断。”

【新译】

（薄伽梵说：）“须菩提啊！你心里怎么想呢？如来

根据具足诸相，觉证了无上的正确觉悟吗?

“再者,须菩提啊！你不要这样想。为什么呢?因为，须菩提啊！如来不会是根据具足诸相而觉证无上的正确觉悟啊。

“再者，须菩提啊！任何人都不应对你这样说话：‘诸趋向菩萨乘者，设定了某个法的消灭，或者切断。’

“再者，须菩提啊！在你而言不要这样看啊。为什么呢?诸趋向菩萨乘者，并不设定某个法的消灭，或者切断。”

yaśca khalu punaḥ subhūte kulaputro vā kuladuhitā vā gaṅgānadīvālukāsamāṃllokadhātūn saptaratnaparipūrṇaṃ kṛtvā tathāgatebhyo'rhadbhayaḥ samyaksaṃbuddhebhyo dānaṃ dadyāt, yaśca bodhisattvo nirātmakeṣvanutpattikeṣu dharmeṣu kṣāntiṃ pratilabhate, ayameva tatonidānaṃ bahutaraṃ puṇyaskandhaṃ prasavedaprameyamasaṃkhyeyam| na khalu punaḥ subhūte bodhisattvena mahāsattvena puṇyaskandhaḥ parigrahītavyaḥ| āyuṣmān subhūtirāha- nanu bhagavan bodhisattvena puṇyaskandhaḥ parigrahītavyaḥ? bhagavānāha- parigrahītavyaḥ subhūte no grahītavyaḥ| tenocyate parigrahītavya iti||28||

【罗什】

“须菩提！若菩萨以满恒河沙等世界七宝布施；若复有人知一切法无我，得成于忍：此菩萨胜前菩萨所得功德。须菩提！以诸菩萨不受福德故。”须菩提白佛言：“世尊！云何菩萨不受福德？”“须菩提！菩萨所作福德，不应贪着，是故说不受福德。”

【玄奘】

“复次，善现！若善男子或善女人，以殑伽河沙等世界盛满七宝，奉施如来、应、正等觉；若有菩萨于诸无我、无生法中获得堪忍：由是因缘，所生福聚甚多于彼。复次，善现！菩萨不应摄受福聚。”具寿善现即白佛言：“世尊！云何菩萨不应摄受福聚？”佛言：“善现！所应摄受不应摄受，是故说名所应摄受。”

【新译】

（薄伽梵说：）“再者，须菩提啊！若一个善男子或者善女人，把与一条恒河中的沙粒相等的诸世界，都充满了七宝，向诸如来、阿罗汉、正确觉悟者，实行布施；其次，若有一个菩萨，对于无我、无生的诸法，获得认可：那么后面这个菩萨，以此因缘，将会产生更加多的无量、无数的福德集聚。再者，须菩提啊！一个菩萨摩诃萨不应拥有福德集聚。”

长老须菩提问：“薄伽梵啊！一个菩萨岂不应拥有福德集聚？”

薄伽梵答：“须菩提啊！应被拥有，即非应被拥有，因而被称为‘应被拥有’。”

api tu khalu punaḥ subhūte yaḥ kaścidevaṃ vadet-tathāgato gacchati vā āgacchati vā tiṣṭhati vā niṣīdati vā, śayyāṃ vā kalpayati, na me subhūte (sa) bhāṣitasyārthamājānāti| tatkasya hetoḥ? tathāgata iti subhūte ucyate na kvacidgato na kutaścidāgataḥ| tenocyate tathāgato'rhan samyaksaṃbuddha iti||29||

【罗什】

“须菩提！若有人言‘如来若来、若去、若坐、若卧’，是人不解我所说义。何以故？如来者，无所从来，亦无所去，故名如来。”

【玄奘】

“复次，善现！若有说言‘如来若去、若来、若住、若坐、若卧’，是人不解我所说义。何以故？善现！言如来者即是真实、真如增语，都无所去、无所从来，故名如来、应、正等觉。”

【新译】

（薄伽梵说：）“再者，须菩提啊！若是有人这样说话：‘如来或者离去，或者前来，或者站着，或者坐着，或者躺着。’须菩提啊！此人并不懂得我所说言教的意思。

“为什么呢？须菩提啊！被称为‘如来’，是指其不向任何地方去、不从任何地方来，因而被称为‘如来、阿罗汉、正确觉悟者’。”

yaśca khalu punaḥ subhūte kulaputro vā kuladuhitā vā yāvanti trisāhasramahāsāhasre lokadhātau pṛthivīrajāṃsi, tāvatāṃ lokadhātūnāmevaṃrūpaṃ maṣiṃ kuryāt yāvadevamasaṃkhyeyena vīryeṇa tadyathāpi nāma paramāṇusaṃcayaḥ, tatkiṃ manyase subhūte-api nu bahuḥ sa paramāṇusaṃcayo bhavet ? subhūtirāha-evametadbhagavan, evametatsugata| bahuḥ sa paramāṇusaṃcayo bhavet| tatkasya hetoḥ? sacedbhagavan bahuḥ paramāṇusaṃcayo'bhaviṣyat, na bhagavānavakṣyat-paramāṇusaṃcaya iti| tatkasya hetoḥ? yo'sau bhagavan paramāṇusaṃcayastathāgatena bhāṣitaḥ, asaṃcayaḥ sa tathāgatena bhāṣitaḥ|

tenocyate paramāṇusaṃcaya iti| yaśca tathāgatena bhāṣitastrisāhasramahāsāhasro lokadhāturiti, adhātuḥ sa tathāgatena bhāṣitaḥ| tenocyate trisāhasramahāsāhasro lokadhāturiti| tatkasya hetoḥ? sacedbhagavan lokadhāturabhaviṣyat, sa eva piṇḍagrāho'bhaviṣyat| yaścaiva piṇḍagrāhastathāgatena bhāṣitaḥ, agrāhaḥ sa tathāgatena bhāṣitaḥ| tenocyate piṇḍagrāha iti| bhagavānāha-piṇḍagrāhaścaiva subhūte avyavahāro'nabhilāpyaḥ| na sa dharmo nādharmaḥ| sa ca bālapṛthagjanairudgṛhītaḥ||30||

【罗什】

"须菩提！若善男子、善女人，以三千大千世界碎为微尘，于意云何？是微尘众宁为多不？""甚多，世尊！何以故？若是微尘众实有者，佛则不说是微尘众。所以者何？佛说微尘众，则非微尘众，是名微尘众。世尊！如来所说三千大千世界，则非世界，是名世界。何以故？若世界实有者，则是一合相。如来说一合相，则非一合相，是名一合相。""须菩提！一合相者，则是不可说，但凡夫之人贪着其事。"

【玄奘】

"复次，善现！若善男子或善女人，乃至三千大千世界大地极微尘量等世界，即以如是无数世界色像为墨，如极微聚。善现！于汝意云何？是极微聚宁为多不？”善现答言：“是极微聚甚多，世尊！甚多；善逝！何以故？世尊！若极微聚是实有者，佛不应说为极微聚。所以者何？如来说极微聚即为非聚，故名极微聚。如来说三千大千世界即非世界，故名三千大千世界。何以故？世尊！若世界是实有者，即为一合执，如来说一合执即为非执，故名一合执。”佛言：“善现！此一合执不可言说、不可戏论，然彼一切愚夫异生强执是法。”

【新译】

（薄伽梵问：）“再者，须菩提啊！若有一个善男子或善女人，凡是在三千大千世界中有多少微尘，就把这么多的世界，都研磨为像这样的粉末，以至以如此这般不可计量的勤勉，（而研磨成）好比是极微之集合那样：须菩提啊！你心里怎么想呢？这种极微之集合，岂不是很多吗？”

须菩提答：“薄伽梵啊，此事如此；善逝啊，此事如此。这种极微之集合会很多。为什么呢？薄伽梵啊！假使极微之集合会很多，薄伽梵就不会说言‘极微之集合’了。

“为什么呢？薄伽梵啊！凡是如来所说的极微之集合，就是如来所说的非（极微之）集合，因而被称为极微之集合。

“其次，凡是如来所说的‘三千大千世界’，就是如来所说的非（三千大千）世界,因而被称为‘三千大千世界’。

“为什么呢？薄伽梵啊！假使会有世界，就会有那种关于整体的执取。而且,凡是如来所说的关于整体的执取，就是如来所说的非（关于整体的）执取，因而被称为‘关于整体的执取’。”

薄伽梵说：“须菩提啊！关于整体的执取，是非言说的，是不可言说的。它不是法，不是非法。然而，愚痴的异生们却执着于它。”

tatkasya hetoḥ? yo hi kaścitsubhūte evaṃ vadet-ātmadṛṣṭistathāgatena bhāṣitā, sattvadṛṣṭirjīvadṛṣṭiḥ pudgaladṛṣṭistathāgatena bhāṣitā, api nu sa subhūte samyagvadamāno vadet ? subhūtirāha-no hīdaṃ bhagavan, no hīdaṃ sugata, na samyagvadamāno vadet| tatkasya hetoḥ? yā sā bhagavan ātmadṛṣṭistathāgatena bhāṣitā, adṛṣṭiḥ sā tathāgatena bhāṣitā| tenocyate ātmadṛṣṭiriti||

【罗什】

“须菩提！若人言‘佛说我见、人见、众生见、寿者见’，须菩提！于意云何？是人解我所说义不？”“世尊！是人不解如来所说义。何以故？世尊说我见、人见、众生见、寿者见，即非我见、人见、众生见、寿者见，是名我见、人见、众生见、寿者见。”

【玄奘】

“何以故？善现！若作是言‘如来宣说我见、有情见、命者见、士夫见、补特伽罗见、意生见、摩纳婆见、作者见、受者见’，于汝意云何？如是所说为正语不？”善现答言：“不也！世尊；不也！善逝。如是所说非为正语。所以者何？如来所说我见、有情见、命者见、士夫见、补特伽罗见、意生见、摩纳婆见、作者见、受者见，即为非见，故名我见，乃至受者见。”

【新译】

（薄伽梵问：）“为什么呢？因为，须菩提啊！若有人这样说话——‘如来说了关于自我的见解，如来说了关于众生的见解，关于命者的见解，关于补特伽罗的见解’，须菩提啊！此人难道是作为一个正确的说话者在说话吗？”

须菩提答：“薄伽梵啊！确实，没有这回事；善逝啊！确实，没有这回事。此人不是作为一个正确的说话者在说话。为什么呢？薄伽梵啊！凡是如来所说那关于自我的见解，就是如来所说非（关于自我的）见解，因而被称为关于自我的见解。”

bhagavānāha-evaṃ hi subhūte bodhisattvayānasaṃprasthitena sarvadharmā jñātavyā draṣṭavyā adhimoktavyāḥ| tathāca jñātavyā draṣṭavyā adhimoktavyāḥ, yathā na dharmasaṃjñāyāmapi pratyupatiṣṭhennādharmasaṃjñāyām| tatkasya hetoḥ? dharmasaṃjñā dharmasaṃjñeti subhūte asaṃjñaiṣā tathāgatena bhāṣitā| tenocyate dharmasaṃjñeti||31||

【罗什】

“须菩提！发阿耨多罗三藐三菩提心者，于一切法，应如是知，如是见，如是信解，不生法相。须菩提！所言法相者，如来说即非法相，是名法相。”

【玄奘】

“佛告善现：诸有发趣菩萨乘者，于一切法应如是知、应如是见、应如是信解，如是不住法想。何以故？善现！法想、法想者，如来说为非想，是故如来说名法想、法想。”

【新译】

薄伽梵说：“确实，须菩提啊！一个趋向菩萨乘者，应当这样认识、看待、信解一切诸法。而且，就如也不会住于关于法的观念、（也）不会住于关于非法的观念，应当这样地认识、看待、信解（一切诸法）。为什么呢？所谓‘关于法的观念，关于法的观念’，须菩提啊！如来说其为非（关于法的）观念，因而被称为关于法的观念。”

yaśca khalu punaḥ subhūte bodhisattvo mahāsattvo'prameyānasaṃkhyeyāṃllokadhātūn saptaratnaparipūrṇaṃ kṛtvā tathāgatebhyo'rhadbhayaḥ samyaksaṃbuddhebhyo dānaṃ dadyāt, yaśca kulaputro vā kuladuhitā vā itaḥ prajñāpāramitāyā dharmaparyāyādantaśaścatuṣpādikāmapi gāthāmudgṛhya dhārayeddeśayedvācayet paryavāpnuyāt, parebhyaśca vistareṇa saṃprakāśayet, ayameva tatonidānaṃ bahutaraṃ puṇyaskandhaṃ prasunuyādaprameyamasaṃkhyeyam| kathaṃ ca saṃprakāśayet ? tadyathākāśe

tārakā timiraṃ dīpo māyāvaśyāya budbudam|

svapnaṃ ca vidyudabhraṃ ca evaṃ draṣṭavya saṃskṛtam||

tathā prakāśayet, tenocyate saṃprakāśayediti||

【罗什】

“须菩提！若有人以满无量阿僧祇世界七宝持用布

施，若有善男子、善女人，发菩萨心者，持于此经，乃至四句偈等，受持读诵，为人演说，其福胜彼。云何为人演说？不取于相，如如不动。何以故？一切有为法，如梦、幻、泡、影，如露亦如电，应作如是观。”

【玄奘】

“复次，善现！若菩萨摩诃萨以无量无数世界盛满七宝，奉施如来、应、正等觉，若善男子或善女人，于此般若波罗蜜多经中，乃至四句伽他，受持、读诵、究竟通利、如理作意，及广为他宣说、开示，由此因缘，所生福聚，甚多于前无量、无数。云何为他宣说、开示？如不为他宣说、开示，故名为他宣说、开示。尔时，世尊而说颂曰：诸和合所为，如星、翳、灯、幻，露、泡、梦、电、云，应作如是观。”

【新译】

（薄伽梵说：）“再者，须菩提啊！若一个菩萨摩诃萨，把无量、无数的世界，都充满了七宝，然后向诸如来、阿罗汉、正确觉悟者，实行布施。其次，若有一个善男子或善女人，由这个般若波罗蜜多法门，下至能够接纳即便一个四句的伽他，能够受持、开示、诵读、理解，并且能够向诸他者广为宣说。那么这个后者，由于那个因缘，将会产生更加多的无量、无数的福德集聚。

“此人要如何宣说呢？就如虚空中的星、翳、灯、幻、露、泡，以及梦、电、云，要这样看待有为（法）。

“此人要这样宣说，由此才被称为‘此人要宣说’。”

idamavocadbhagavān āttamanāḥ| sthavirasubhūtiste ca bhikṣubhikṣuṇyupāsakopāsikāste ca bodhisattvāḥ sadevamānuṣāsuragandharvaśca loko bhagavato bhāṣitamabhyanandanniti||32||

【罗什】

佛说是经已，长老须菩提及诸比丘、比丘尼、优婆塞、优婆夷，一切世间天、人、阿修罗，闻佛所说，皆大欢喜，信受奉行。

【玄奘】

时，薄伽梵说是经已，尊者善现及诸苾刍、苾刍尼、邬波索迦、邬波斯迦，并诸世间天、人、阿素洛、健达缚等，闻薄伽梵所说经已，皆大欢喜，信受奉行。

【新译】

薄伽梵说了这些，非常高兴。长老须菩提，比丘、比丘尼、优婆塞、优婆夷，这些菩萨们，以及有天神、人类、阿修罗、乾达婆的世界，都喜欢薄伽梵所说的。

||āryavajracchedikā bhagavatī prajñāpāramitā samāptā||

【罗什】

金刚般若波罗蜜经

【玄奘】

大般若波罗蜜多经卷第五百七十七

【新译】

《圣金刚能断吉祥般若波罗蜜多经》，圆满结束。

三、罗什、玄奘新、旧《金刚经》译文的主要差异

关于罗什与玄奘《金刚经》译文的差异，是已经有很多学者讨论过的话题。所谓的“差异”，可能是传承及翻译技术上表现的不同，也可能是译家的理解导致的不同。关于前者，是所有的翻译中都会出现的非常正常的现象，我们这里不拟对这一方面的问题加以细致的讨论，本文上面的对勘部分，已经将两家的译文逐段予以对比，

细心的读者自己就可以完全体会二家译文诸种技术上的差异。至于译家不同的理解导致的译文差异，则是我们这里所说的“主要差异”，因而是接下来我们拟略加讨论的主题。我们也相信，客观地分析、考量罗什、玄奘二家《金刚经》译文的主要差异，恐怕也是《金刚经》的修学者、研究者们需要加以留意的。

关于《金刚经》新旧译文之间的“主要差异”，玄奘大师自己就曾有较详细的叙述，兹录大师弟子慧立、彦悰在《大唐大慈恩寺三藏法师传》卷第七中所记大师与唐太宗之间的一段对话：

> 帝又问：“《金刚般若经》，一切诸佛之所从生，闻而不谤，功逾身命之施，非恒沙珍宝所及。加以理微言约，故贤达君子多爱受持，未知先代所翻，文义具不？”
>
> 法师对曰：“此经功德，实如圣旨。西方之人，咸同爱敬。今观旧经，亦微有遗漏。据梵本具云‘能断金刚般若’，旧经直云‘金刚般若’。欲明菩萨以分别为烦恼，而分别之惑，坚类金刚，唯此经所诠无分别慧，乃能除断，故曰‘能断金刚般若’，故知旧经失上二字。又如下文，三问阙一，二颂阙一，九喻阙三，如是等。什法师所翻舍卫国也，留支所翻

婆伽婆者，少可。”

帝曰：“师既有梵本，可更委翻，使众生闻之具足。然经本贵理，不必须饰文而乖义也。”故今新翻《能断金刚般若》，委依梵本。奏之，帝甚悦。[《大唐大慈恩寺三藏法师传》，大正藏第50册，No. 2053，259页上。]

根据玄奘在上面这段话中的回答唐皇之辞，我们可以看出，玄奘自己认为以“梵本”比对罗什的译文，可知罗什的译文与玄奘自己所见的“梵本”比，主要存在以下一些不同：

（1）关于《金刚经》经名的翻译问题

玄奘的看法是：根据梵本，《金刚经》的经名应当是“能断金刚般若”，而罗什的旧译经名译为“金刚般若”，所以玄奘认为罗什的经名缺少了“能断”二字。

今按：《金刚经》的经名，梵文为：vajracchedikā。此梵文经名是一个复合词，其中，vajra，意思是“金刚”；cchedikā，意思是“能断”。就梵文复合词分析的规则言，这个经名复合词可以做以下两种分解：一种方式是可以将此词理解为表示对格关系的依主释复合词，这样此词可以译为“能断金刚”，其中金刚（vajra），为所断者；另一种方式是将此词理解为表示同位格关系的持业释复合词，这样此词可以译为“金刚能断”，意思是“如同金刚能断”。再者，这部经的完整的名称为：āryavajracchedikā bhagavatī prajñāpāramitā，根据上面的分析，就可以翻译为“圣能断金刚吉祥般若波罗蜜多”,或者可以翻译为“圣金刚能断吉祥般若波罗蜜多”。可以分别简称为“能断金刚般若波罗蜜多”或“金刚能断般若波罗蜜多”。

对经名复合词两种不同的处理方式,也体现对“金刚”所指含义的不同理解：照前一种理解方式，“金刚”是指所断的烦恼；照后一种理解方式，“金刚”则是指能断的智慧。根据玄奘自己这里的陈述,他是以“金刚”代表“分别之惑”的。

罗什译此经经名为“金刚般若波罗蜜”，玄奘断定罗什此处的译文漏掉了“能断”二字。不过从罗什译文一贯重视的节约文字的翻译体例看，我们认为更可能的解释是：罗什此处采取了第二种解读经名复合词的方式，即把“金刚”与“能断”二字之间的关系，理解成了持业释复合词的同位格关系，由于在这种复合方式中，“金刚”即“能断”，所以我们认为：很可能是从节约用词的原则出发，罗什此处将与“金刚”为同位格关系的“能断”二字予以省略了。

（2）关于“三问阙一”的问题

如众所周知,《金刚经》所记的这场殊胜法会，以须菩提长老前后二番提问为标记，分为前后二周说法。根据今传《金刚经》的梵本，长老须菩提的提问，在初周说法中，是：

> tatkathaṃ bhagavan bodhisattvayānasaṃprasthitena kulaputreṇa vā kuladuhitrā vā sthātavyaṃ kathaṃ pratipattavyaṃ kathaṃ cittaṃ pragrahītavyam？

在后周说法，是：

> kathaṃ bhagavan bodhisattvayānasaṃprasthitena sthātavyam, kathaṃ pratipattavyam, kathaṃ cittaṃ pragrahītavyam？

比较可知，在后周说法须菩提的提问中，仅仅省略了“kulaputreṇa vā kuladuhitrā vā”（善男子或善女人）这个部分，两周的问题，都是三个，即：应当如何安住？应当如何修行？应当如何摄伏其心？

罗什的相关译文，在初周说法中是：“世尊！善男子、善女人，发阿耨多罗三藐三菩提心，应云何住？云何降伏其心？”在二周说法中是：“世尊！善男子、善女人，发阿耨多罗三藐三菩提心，云何应住？云何降伏其心？”可见罗什两处都译出了第一、第三两问，而缺第二问。

罗什的译本中此处为什么缺少第二问呢？是不是如玄奘大师的交代，认为罗什此处译文确实“微有遗漏”呢？尤其是考虑到缪勒本（缪勒本，第 574 页，第 589 页）孔泽本（孔泽本，第 646 页，第 664 页）吉尔吉特本（吉尔吉特本，第 632 页）这几种今存《金刚经》梵本校刊著作，在此问题上都与我们使用的维迪雅本一致，而古代汉译诸《金刚经》中，除了菩提留支译本外［菩提流支本，相关的两处地方分别译为：“世尊！云何菩萨大乘中，发阿耨多罗三藐三菩提心？应云何住？云何修行？云何降伏其心？”“世尊！云何菩萨发阿耨多罗三藐三菩提心？云何住？云何修行？云何降伏其心？”（752 页下，755 页上）看上去像是四个问题，我们觉得这一译文可能是出于误读经文所致］，其他几种译本也都普遍一致地支持玄奘的译文，罗什此处的翻译确实留给后人有所疏漏的印象。（留支本，757 页中，760 页上；真谛本，762 页上，764 页下；笈多本，766 页下，769 页下；义净本，772 页上，774 页上。）

然而，我们却在今存《金刚经》另外一个梵本，即由斯坦因于 1900 年 12 月 23 日在东土耳其斯坦（Eastern Turkestan）所发现，由 F. E. Pargiter1916 年整理出版的《金刚经》校刊本（即“中亚本”）中，见到初周说法中须菩提的这段提问：

tatkathaṃ bhagavan bodhisattvayānasaṃprasthitena sthātavyaṃ kathaṃ cittaṃ pragrahetavyam?（中亚本，第 606 页。）

从这段提问可以看出：这里问的正好是两个问题，而且这两个问题与罗什的翻译是完全一致的！后周说法中须菩提提问的部分，因为那段经文所在之页已经缺失（中亚本，第 614 页），所以使得我们无法明确推断，但是看起来这段提问与前段提问，内容应当是一致的。因此，我们可以十分肯定地说：罗什译本《金刚经》中之所以只译出须菩提的两个提问，是因他所依据的本子本来就只有两个问题；罗什译文中的须菩提二问，显示其依据的底本很有可能属于今存中亚本的传承系统。所以这一处翻译并无任何“遗漏”的问题！

（3）关于“二颂阙一”的问题

在我们所使用的维迪雅校刊本《金刚经》中，有两个颂文，原文如下：

ye māṃ rūpeṇa cādrākṣurye māṃ ghoṣeṇa cānvaguḥ|

mithyāprahāṇaprasṛtā na māṃ drakṣyanti te janāḥ||1||

dharmato buddho draṣṭavyo dharmakāyā hi nāyakāḥ|

dharmatā ca na vijñeyā na sā śakyā vijānitum||2||

这两个颂文，罗什译出了第一个颂文："尔时，世尊而说偈言：'若以色见我，以音声求我，是人行邪道，不能见如来。'" 但是罗什译本中未能见到第二个颂文。而汉译《金刚经》的其他几个译本，与玄奘大师的译本一样，都译出了两个颂文。（菩提流支本，756 页中；留支本，761 页中；真谛本，765 页下；笈多本，771 页下；义净本，775 页上。）

从两个颂文的文义看，第一个颂文强调：根据色相或者音声追求佛陀者，看不到佛陀。第二个颂文强调：应当根据法性来看待佛陀，而法性则非可以用普通的世俗认识能够认知者。所以这两个颂文之间的意涵关系是互补的，它对我们应当如何理解佛陀的本质，应当如何修学和接近佛陀，实际上作出了非常完整的指示。

罗什的《金刚经》译文中没有第二个颂文，似乎使得这一段指示"如何观佛"议题的深刻内涵，未能完全地凸显出来。

我们在缪勒本（缪勒本，第 597 页）、吉尔吉特本（吉尔吉特本，第 637 页）、孔泽本（孔泽本，第 676—675 页）

中，也都能见到这两个颂文。但是，再一次，我们发现中亚本的特殊性：在现存的中亚本中，我们确实只是见到第一个颂文，而未见到第二个颂文（中亚本，第 619 页）。这一情况可以帮助我们进一步佐证：罗什《金刚经》所依据的翻译底本，确实应当与这种中亚本的传承存在密切的关系。这一情况也可以帮助我们确定，罗什此处未译第二个颂文，是因为他所见到的版本本来就没有第二个颂文。因此，罗什译本《金刚经》确实缺少第二个颂文，但这与中亚本《金刚经》的佛学传承问题有关，同样不能认为出自罗什个人的"遗漏"。

《金刚经》的传本在何时、何地，将此处的一个颂文发展成了两个颂文？这种改变和发展是否有充足的理由？这些问题，在这里难以遽答。但是不管怎么说，包括玄奘大师译文在内其他汉译《金刚经》完整的两个颂文，对于补足罗什此处的译义，应当说具有非常重要的参考价值！

（4）关于"九喻阙三"的问题

维迪雅本《金刚经》梵本，在临近结尾处，有如下的比喻：

> tārakā timiraṃ dīpo māyāvaśyāya budbudam|
> svapnaṃ ca vidyudabhraṃ ca evaṃ draṣṭavya

saṃskṛtam||

这里一共包括了九个比喻，我们前文中提供的新译文译为：

> （就如虚空中的）星、翳、灯、幻、露、泡，以及梦、电、云，要这样看待有为（法）。

可是罗什的译文，此处只有六个比喻，玄奘的译文同今传梵本，共有九个比喻。所以说，罗什此处的译文“九喻阙三”。

我们在缪勒本（缪勒本，第600页）、孔泽本（孔泽本，第680页）、中亚本（中亚本，第622页）、吉尔吉特本（吉尔吉特本，第639页）中，也都见到同样的九个比喻。汉译的其他几个《金刚经》译本，如菩提流支本等，情况也都一样。（菩提流支本，756页下；留支本，761页下；真谛本，766页中；笈多本，771页下；义净本，775页中。）此外，在印度学者注释《金刚经》的几部著作中，也都能见到这九个比喻。（无著：《金刚般若论》，大正藏第25册，No. 1510，758页中；天亲：《金刚般若波罗蜜经论》，大正藏第25册，No. 1511，796页下。）可见，《金刚经》中应当确实包含了九个比喻。那么为何罗什这里只是译出六个比喻，而未能译全九个比喻呢？

我们认为原因可能是：罗什所使用的工作底本中，也许此处不甚清晰，所以作为一位严谨的佛学家和翻译家，罗什只是译出了六个比喻。包括玄奘大师在内汉译《金刚经》此处的翻译，可以补足罗什的译文。

玄奘大师上面这段话中，还提到罗什翻译的“舍卫国”，留支所翻的“婆伽婆”，在传达原字的语音方面，有所欠缺的问题，在后来玄奘大师的译文中，“舍卫国”译成了“室罗筏”（śrāvastī），“婆伽婆”译成了“薄伽梵”（bhagavān）。不过诸如此类的问题，正是属于我们前文所谓“翻译技术上表现的不同”，这样的例子在汉语佛典翻译的历史上，可谓俯拾即是，所以是我们在这里不拟讨论的。

如果从《金刚经》新旧译本“主要差异”的角度检讨，还有以下几处，可能是需要引起我们关注的：

（5）关于“以三十二相观如来”的问题

我们在《金刚经》今传梵本中，可以见到如下几句：

> tatkiṃ manyase subhūte-lakṣaṇasaṃpadā tathāgato draṣṭavyaḥ? subhūtirāha-no hīdaṃ bhagavan| yathāhaṃ bhagavato bhāṣitasyārthamājānāmi, na lakṣaṇasaṃpadā tathāgato draṣṭavyaḥ|

这几句罗什的译文如下："'须菩提！于意云何？可以三十二相观如来不？'须菩提言：'如是，如是，以三十二相观如来。'"玄奘的译文如下："佛告善现：'于汝意云何？可以诸相具足观如来不？'善现答言：'如我解佛所说义者，不应以诸相具足观于如来。'"

可以看出，本段罗什译文中的"三十二相"，与玄奘译文中的"诸相具足"，属于二家译文中的技术层面的差异，而罗什此处译文中，须菩提的肯定性答复（"以三十二相观如来"）与玄奘译文中善现的否定性答复（"不应以诸相具足观于如来"），则构成了有关经义理解的重要差异。而其他五种汉译，也一无例外地，再次与玄奘的译文高度一致。[菩提留支译本："须菩提！于意云何？可以相成就得见如来不？须菩提言：如我解如来所说义，不以相成就得见如来。"（756页中）流支本："汝意云何？可以具足相观如来不？须菩提言：如我解佛所说义，不以具足相应观如来。"（761页上）真谛译本："须菩提！汝意云何？可以具足相观如来不？须菩提言：如我解佛所说义，不以具足相应观如来。"（765页下）笈多译本："彼何意念？善实！相具足如来见应？善实言：不如此，世尊！如我，世尊说义解，我不相具足如来见应。"（771页上）义净："妙生！于汝意云何？应以具相观如来不？不尔，世尊！不应以具相观于如来。"（775页上）]

由于罗什此处译文中须菩提肯定性的答词，与经文下文的观点显然有所冲突，与《金刚经》全经经文中一再反复强调不可以根据具足诸相看待佛陀的观点，也存在明显的矛盾，所以自古以来的《金刚经》的注解者、研究者，要么必须对罗什此处的译法努力给出符合经文脉络的解释，要么干脆依据玄奘等的译文，认为罗什此处的译文属于误译。

有趣的是，我们在《金刚经》中亚本中，可以读到下面的梵文：

> tatkiṃ manyase subhūte-lakṣaṇasaṃpadāyqs tathāgato draṣṭavyaḥ? āha evam eva bhagavan lakṣaṇasaṃpadāyqs tathāgato draṣṭavyaḥ.（中亚本，第619页。）

可以译为：须菩提啊！你心里怎么想呢？可以根据具足诸相看待如来吗？（须菩提）答：是这样，薄伽梵啊！可以根据具足诸相看待如来。

而且，在另外一个今传《金刚经》梵本（吉尔吉特本）中，这段话的原文，与中亚本的文字是完全一致的。（吉尔吉特本，第637页。）

这两个证据的存在，足以证明罗什此处的翻译，有其充分的文本依据。罗什当时所使用的底本如此，所以他的译文是忠实于原典的。这个例子可以恰当地证明：罗什的翻译态度是十分严谨的，其严谨的程度，甚至超过了一般学者的想象。至于这一处梵文是否本身就存在问题，是否需要改正，而其他的梵本是否正是在发展与传承的过程中，改变了上面那个错误，那是另外一个问题，是可以继续研究和谈论的学术问题。

（6）关于“相”与“想”的问题

对比罗什、玄奘二家的《金刚经》译本，并参考梵本的文字，敏锐的读者可能会发现，两家译文中一个最大的差异是：罗什的《金刚经》译文，颇多使用了“相”字；而玄奘的译文，则颇多使用了“想”字。如下面这段话：

> tatkasya hetoḥ? sacetsubhūte bodhisattvasya sattvasaṃjñā pravarteta, na sa bodhisattva iti vaktavyaḥ| tatkasya hetoḥ? na sa subhūte bodhisattvo vaktavyo yasya sattvasaṃjñā pravarteta, jīvasaṃjñā vā pudgalasaṃjñā va pravarteta||3||

经文于此处首次出现有关“相”“想”的问题。根据维迪雅本，这段话中出现“众生想”“命者想”“补特伽罗想”三个概念；缪勒本此处出现的也是上述三个概念

（缪勒本，第 575 页）；而中亚本此处出现的，则是“我想、众生想、命者想、补特伽罗想”，是四想的概念（中亚本，第 607 页）；吉尔吉特本这段，因所在之页残缺，无从判断；而孔泽本的校勘，此处同于中亚本（孔泽本，第 647 页）。罗什这里的译文出现“我相、人相、众生相、寿者相”四个概念，玄奘的译文则出现“有情想、命者想、士夫想、补特伽罗想、意生想、摩纳婆想、作者想、受者想”共八个概念。我们觉得，无论是三种想、四种想，或者八种想，都只是经本传承方面的技术性问题，或翻译方面的技术性问题，不必过度深究；但是所有的今存梵本在此处出现的，都是saṃjñā这个字，而罗什这里则使用了“相”的概念，这就说明他此处是在用“相”这个概念来对应梵文的saṃjñā。这可以说是罗什《金刚经》译文最为特殊的地方，应当引起我们的足够重视！

再如以下这段：

> tatkasya hetoḥ? na hi subhūte teṣāṃ bodhisattvānāṃ mahāsattvānāmātmasaṃjñā pravartate, na sattvasaṃjñā, na jīvasaṃjñā, na pudgalasaṃjñā pravartate| nāpi teṣāṃ subhūte bodhisattvānāṃ mahāsattvānāṃ dharmasaṃjñā pravartate| evaṃ nādharmasaṃjñā| nāpi teṣāṃ subhūte saṃjñā nāsaṃjñā pravartate|

这一段中，集中谈到菩萨摩诃萨没有我想，没有众生想，没有命者想，没有补特伽罗想，没有法想，没有非法想，没有想，没有非想。所以这里一共讲了八种想的概念。缪勒本（缪勒本，第 577 页）、孔泽本（孔泽本，第 649 页）同此；中亚本，吉尔吉特本，都因残缺，无从判断。罗什这里的译文列有：我相、人相、众生相、寿者相、法相、非法相，共六种相。玄奘这里的译文列有：我想、有情想、命者想、士夫想、补特伽罗想、意生想、摩纳婆想、作者想、受者想、法想、非法想、想、非想，共十三种想。如上解说，这里无论是六种想、八种想，或者十三种想，都只是传承及翻译中的技术性问题，唯有罗什这里使用"相"的概念，来传达"想"（saṃjñā）的含义，是我们需要特别关注的！

理解了上面所说，我们就能理解：罗什《金刚经》译文中的这些名言，如"离一切诸相则名诸佛"，按照汉语佛典翻译的术语传统，其实应当读为"离一切诸想则名诸佛"（sarvasaṃjñāpagatā hi buddha bhagavantaḥ）。（缪勒本，第 585 页；中亚本，第 611 页；吉尔吉特本，第 630 页；孔泽本，第 658 页。）"菩萨应离一切相发阿耨多罗三藐三菩提心"，其实应当读为"菩萨应离一切想发阿耨多罗三藐三菩提心"（bodhisattvena mahāsattvena sarvasaṃjñā vivarjayitvā anuttarāyāṃ samyaksaṃbodhau cittamutpādayitavyam)。(缪勒本，第 586 页；中亚本，第 611 页；吉尔吉特本，第 631 页；孔泽本，第 659 页。)

还有，在上述讨论的同一段经文中，出现过罗什著名的译语“实相”，其实，《金刚经》此处的“实相”，应当读为“实想”(bhūtasaṃjñā)。(缪勒本，第 584 页；中亚本，第 610 页；吉尔吉特本，第 630 页；孔泽本，第 657 页。)

按照汉传佛教的佛典术语传统，两个不同的梵文术语，一个是 laksaza(指相貌，特征)，一个是 nimitta(指基质、预兆)，都经常被翻译为汉语的“相”字。前者经常用以指佛陀着名的三十二种相，后者经常用来表示色、声、香、味、触、法这所谓“外六尘”。无论是罗什还是玄奘，他们也都延续了这样的翻译传统。这种情况在其《金刚经》译文中，也可以看得很清楚。一般来讲，拥有一定汉语佛典翻译知识的人，也不致在理解上产生多少的混淆。但是由于现在在罗什的《金刚经》术语系统中，表示相貌、特征的 laksaza，表示基质、预兆的 nimitta，同表示“想”的 saṃjñā，都被用这个“相”字来传译，造成理解上困难、淆乱的可能性，就确实大大增加了！

根据前面的讨论，应当可以看出:《金刚经》特殊的般若智慧,主要的特色,实际上可以概括为“舍弃一切想”，或“破一切想”，而不是“破相”，不是“破一切相”。如果我们脑子里坚持以“相”指示相貌或基质的含义，由于罗什《金刚经》译文的术语系统以“相”字代替“想”字，故若不比对中土诸家的翻译，特别是参考玄奘大师的翻译，就很容易把《金刚经》原本的“破一切想”的智慧，理解成为“破一切相”，并因而导致舍弃一切相貌甚至舍弃外界六尘的结论。中国佛教的《金刚经》诠释，乃至广义而言的般若思想诠释，自在中国文化及社会中有其解释的渊源及思想的需求。但是如果因为不理解罗什《金刚经》译文的特殊术语系统，将“破一切相”的思想方法，毫无原则界限地肆意发挥，则似乎并不符合《金刚经》的精神和本意。这是我们学习《金刚经》、研究《金刚经》者需要有所警醒的！

前引玄奘大师答唐皇的文字中，提出“然经本贵理，不必须饰文而乖义”的看法，表示玄奘大师是听从皇帝的指示，遵循梵本来做《金刚经》的新译工作。这似乎是诉诸皇帝的权威，来加强玄奘译文的正统性。也多少隐含以政治与学术的权威，批评罗什“旧译”的意义。我们今天的环境已经与过去不同，我们不必是“旧”而非“新”，但也不必是“今”而非“旧”。我们可以平彰华梵，也可以客观旧新。

因此，本文通过认真的多本的比对，发现罗什的《金刚经》译文，确实有其特殊的“中亚本”的文本传承，这使得我们能够再一次深切体认罗什译文的性质及其严谨；我们也通过罗什译本与玄奘译本的比较，发现玄奘大师的新译对于《金刚经》的文本解读，具有重要的补足的意义。这是我们对勘罗什、玄奘新旧译文的初衷，也是我们这次根据梵本重新提供再次“新译”的初衷。

附记：笔者于 1990 年撰成《金刚经》白话释译，佛光山这套白话佛经 2017 年在大陆出版，余决意百忙中抽出时间，要对旧作有所补正。2010 年年初有幸读到台湾学者许洋主先生主编的《新译梵文佛典金刚般若波罗蜜经》五大巨册，允为代表 20 世纪华语学界《金刚经》研究最高水平的一套巨著。当时我在华梵大学授梵文佛典课一年，蒙先生多次赐见，深得教益，无尽感恩！这次修订罗什、玄奘《金刚经》两译对勘及梵本新译，多处吸取了许师的看法。在此谨向先生致以崇高的敬意！

2　般若之宗旨与实践

张少齐

泛论般若之意义

般若二字是印度文的原音，翻成中国文的意思，就是智慧二字。

智慧二字若照印度语文的原音，应该是若那般若。若那是智，般若是慧。中国人好简，故略称般若。

一般人夸赞人的聪敏，称为有智慧。其实聪敏与智慧出入颇大。

聪敏二字，在人类社会中是较为伶俐技巧的一个代名词，不能算是智慧。

智慧二字，在佛经里有严格的分别

江味农居士说："照见为智，解了为慧。决断为智，简择为慧。知俗谛为智，照真谛为慧。彻明妙有为智，契悟真空为慧。”这样说来，智慧二字，乃是佛教行者照彻真（如来清净妙明真心）俗（一切因缘所生之法）二谛的一种潜在的功能，不能与世间聪敏二字相提并论。

般若（智慧）在佛教的教义上属于六波罗蜜的一种。六波罗蜜虽以布施为首，但实行起来，任何一度，没有般若为助，是不能做到恰如理想的，即使勉强去做，也不能达成其彻底的目的。

《金刚经》上说：施行六度，如果没有般若为助，就譬如一个人在黑夜里走路一般，不但会走入岔路，而且有坠入危崖的可能。

反过来说，假如有般若的施舍，就等于一个人在光天化日之下走路，绝对没有差错。

修六度如此，修其他一切行门，也决不能离开般若。般若在世出世间一切生活行为上之重要，可以想见。

般若在佛教中之地位

般若在天台家判为通教，贤首家判为始教，始终把般若排挤在别圆之外，这是不平等的。要知般若是佛教三乘的总纲。任何一乘的行者离开般若总不能圆满达成其理想的目标。

试问修止观的，修华严法界观的，修禅的，修净土的，修戒律的，哪一行不是以般若为其主要因素？缺少般若能成吗？

所以，古德云："般若本摄一切佛法尽。"《大智度论》说："般若能生诸佛，摄持菩萨，佛法即是般若。"又说："般若波罗蜜是诸佛之母，诸佛以法为师，法者，即是般若波罗蜜。"《大般若经》说："摩诃般若波罗蜜，是诸菩萨摩诃萨母，能生诸佛，摄持菩萨。"《大般若经》又说："如来应正等觉常以佛眼观视护念甚深般若波罗蜜多，何以故？善现！甚深般若波罗蜜多，能生我等一切佛法，能示世间诸法实相；十方世界一切如来应正等觉现说法者，亦以佛眼常观护念甚深般若波罗蜜多，何以故？善现，甚深般若波罗蜜多，能生诸佛一切功德，能示世间诸法实相。由此因缘我等诸佛，常以佛眼观视护念甚深般若波罗蜜多，为报彼恩，不应暂舍。……一切如来应正等觉，已得无上正等菩提，今得无上正等菩提，当得无上正等菩提，皆因如是甚深般若波罗蜜多。由此因缘，甚深般若波罗蜜多，于诸如来有大恩德，是故诸佛常以佛眼观视护念甚深般若波罗蜜多。"

由上面几段的引证，我们可以了解般若在全部佛法中所占的地位了。

般若主要的宗旨，在不着于空有二边，而求合中道第一义谛。《金刚经讲义》说:“般若纲要非他,即是令于空有二边遣荡情执,务令罄尽,以显圆融中道耳。”《金刚经》说:“佛说般若波罗蜜,即非般若波罗蜜,是名般若波罗蜜……”第一句佛说般若波罗蜜是有,第二句即非般若波罗蜜是空,第三句是名般若波罗蜜是中道实相。《金刚经》诸如此类的文字不一而足。

我们要知道什么叫作成佛,成佛就是觉性圆明而已。换句话说,也就是彻证非空非有的中道实相。

觉性是人人本具,各各不无的,因有无始以来的妄想分别,换句话说,也就是被我法二种情执所蔽,所以不克圆明其本有的觉性。

佛陀曾经说过:“一切众生皆有如来智慧德相,但以妄想执着,而不能证得。”

妄想执着,就是分别我法的妄想心。众生对我法有了妄想分别,因此起惑造业,因业遂受三界六道的轮回之苦。果再造业,业再受果,生生死死,无有了期。

果能通晓般若妙法,依文起观,依观而证实相般若,如此我法二执之情空,然后即可到达波罗蜜之彼岸了。

《金刚经》上说“一切诸佛从此经出”,良有以也。

般若法门,既是诸佛菩萨之母,一切佛法之总纲,怎可说它是大乘之始而不是圆顿之教呢?况且金刚经上明明说“此经为大乘者说,为最上乘者说”,是“第一希有”之法，还有什么再比它圆？“离一切相，即名诸佛；若见诸相、非相，即见如来”，六祖大师因读“应无所住而生其心”，顿契真如，还有什么再比它顿？！

因此般若经在化法四教，应该属圆，在化仪四教，应该属顿。

金刚得名之所以

《大般若经》共有六百卷，《金刚经》是大般若的缩本，《心经》又是金刚般若的缩本。大般若汪洋浩瀚，读之维艰，《心经》虽言简意赅，然而略嫌笼统，义亦难了。唯此金刚般若，广略适中，既便于受持，义亦了了。

《金刚般若波罗蜜经》，奘师译为《能断金刚》。金刚是世间之宝，其体质最坚，任何物都不能损坏它。且最锋利，有无坚不摧之功能。以金刚来喻般若最为确当不过，因为般若为大火炬，触之则烧，撄之则燎。而一切法不能损其毫末。众生无始以来各种纷纭复杂的分别情见，明白说来，也就是我法二执，碰到如金刚似的般若火炬，立即冰消瓦解，荡然无存。如“灭度无量无数众生，实无众生得灭度者”，是无我无众生相；如来说阿耨多罗三藐三菩提，即非阿耨多罗三藐三菩提。又如“如来所说法，皆不可取”，乃至所谓“佛法者，即非佛法”等，无一不在显示般若火炬荡情遣执的最高效能。

不但这部金刚般若，即整部六百卷大般若，对一切法，包括世法佛法在内，都随立随遣，决不稍留痕迹。其摧毁虚妄分别力之强，恰如为无坚不摧之金刚。

《摩诃般若波罗蜜》说：“菩萨摩诃萨从初发意以来，闻如是法（般若）应坚固其心，不动不转。菩萨摩诃萨以是坚固心，不动不转，行六波罗蜜，当入菩萨位中。”坚固心就是喻如金刚的般若心，具此坚如金刚的般若心，然后才能修行六波罗蜜，而达成理想的境界。

般若经之最高目的

如来所说一代教法，都有一种伟大的核心思想，这种核心思想，不仅是属于般若，可以说遍于一切教法，不过其他教法所显示的不及般若法中具体而显明罢了。

那么，般若的核心究竟是什么呢？

古德云：“佛说一切法，为治一切心。若无一切心，何用一切法。”这几句虽只有短短的二十个字，但已道尽一切教义的宗旨。

四句中明显指出，佛陀所说的一切教法，其最大的旨趣，在治降众生的一切妄想分别心，然后令其住于无分别而无相无不相的实相般若。所以金刚般若波罗蜜经须菩提以“云何应住，云何降伏其心”为开始。

《金刚经》上说“信心清净，即生实相”。寥寥数语，已道尽整个般若的中心思想。信心清净是因，生实相是果。

怎样才能信心清净？

《金刚般若》说：“应无所住，而生其心。”也只仅仅八个字，已把这两个问题答复得清清楚楚。

无所住，就是不住于四相，所谓我人众生寿者；不住于空，也不住于有，更不住于断常生灭等相。虽不住于种种相，但此心并不是寂灭的，它仍有它的生命的活动，所以在“无所住”下有“而生其心”一句。应无所住是空，是无相。而生其心是有，是常，是生。般若经上每一句话，或每一个字，无不包含空有，或非空非有的深义在内。

假如要把无住生心四个字的奥义解释得明白，那就非得引证经文不可了。

《金刚般若波罗蜜经》说：“所有一切众生之类，若卵生，若胎生，若湿生，若化生；若有色，若无色，若有想，若无想，若非有想，若非无想，我皆令入无余涅槃而灭度之。如是灭度无量无数无边众生，实无众生得灭度者。”

这一段文是佛陀答复须菩提“如何降心”的方法。

因为一般众生都免不了一种“我与人”的心理潜伏着，所以每每做一点有益于人的事，得到别人的赞扬，或对方的感谢，总有一种沾沾自喜，或骄傲的感觉。反过来说，假如他的这种善举，在别人的眼里被认为无所谓，或者对方也没有什么感激的表示，那他就以为别人忽视他的善行，生起气来。这样的人，他的心永远也不会平静下来。

《金刚般若波罗蜜经》又说：“菩萨于法，应无住行于布施，所谓不住色布施，不住声香味触法布施。须菩提，菩萨应如是布施，不住于相。……菩萨但应如所教住。”

度众生是修学菩萨道而达成圆满正觉阶段中一个必需的工作，但怎样使这个工作做得恰如理想，那就必须做好布施等六度的工作，而后始能克尽度生的目的。然而要做好这件工作，又谈何容易？就拿布施来说吧，第一要忘记施舍的自己，第二要忘记被施舍的对方，第三要忘记所施舍的物体。同时，在你正当施舍的时候，除了怜悯众生的动机以外，不能带有任何其他的要求（就是不着色声香味触法）。这在佛教的术语上叫作三轮体空。

根据《般若经》说：不能忘却我人而存有希望的施舍，不会有多大功德，因为这是属于有形色的（有相）。既有形色，就有限量，以有限量的因，想得无限量的果实，那是绝对不可能的。

不住相（没有形色的作意）的施舍，因为施舍的心胸广宽，心理上根本不存有能施舍的我，也没有被施舍的人，更不存有所施舍的物体。以此无限量的因，方能得到无限的果实。

任何一个人能够在某一种正当的行为以后，没有任何的存心，那就表示他的狂心已歇，信心清净了。般若实相自然而显。

经云："凡所有相，皆是虚妄，若见诸相非相，即见如来。"又云："离一切诸相，则名诸佛。"古德也说："但尽凡情，别无圣解。"又说："狂心若歇，歇即菩提。"凡此种种，皆属显示降心住心和信心清净而生实相的道理。一部《金刚般若波罗蜜经》的核心要点，即尽于此，以后所说，皆属此要点的注脚。

还有一点我要特别提出来说明的，就是所谓"应无所住而生其心"，在表面看，无所住就是无相，也就是空，既然一切都是空而无相，那就不可能在空中去讨活趣，还有什么心可生呢？然而不然：修菩萨道的人，虽然了知诸法因缘生，当体即空，但不肯舍离悲度一切有情的作意。菩萨以度众生为职志，离众生即无工作可做。

翻开三藏十二部教典，每一部经论都是以慈悲度生为主题的。因为诸佛菩萨与众生同体而二，众生对于这个共同的法性之体，迷昧不觉，故有众生之身；菩萨觉而未尽，诸佛已觉，故有佛与菩萨之别。众生未能全体得度，共同之觉性不克圆显。所以诸佛菩萨虽住无相，而不离度生作意。这叫作无住生心。

生心的生字，也可作显现二字解。因为能够做到离一切相，本具的妙明觉心，即可于豁然之间圆满显现。这是重要关节，读者不可不知。

难解难信之妙法

像这种包括三乘而且为诸佛之母的甚深微妙之法，确为不世之说，无怪乎须菩提听了这一大法以后，一把眼泪一把鼻涕地悲悲切切地叹着说：稀有啊！稀有啊！我跟随世尊你这么多时，也没有听说过这样的经典啊！假如能对这一经典生起清净的信心，不用说，他一定也能成就第一稀有的功德了！可是目前在会的大众，除了我能信解以外，其他的人恐怕很难信解哩。退一步说，将来的五百年中，如果有人能够信解此经，那他也是第一稀有的了，然而谈何容易。

因为能够信解这一经典之人，他的根基一定也不简单，可能已在过去承事供养过无数无量的诸佛菩萨，所以今世才有机会听到，而且一闻即信。否则决无可能的。

更进一步说，不用说听闻全部经典，即使在全部般若中能够听闻一句一偈，也是难能可贵的。《金刚经》说："闻是章句，乃至一念生净信者，须菩提，如来悉知悉见，是诸众生得如是无量福德。"一四句偈，尚且难信难解，况全部经典！

不但此也，还有很多众生闻说此般若波罗蜜多甚深义趣，心惊毛竖，不信不乐。以为过去佛陀所说种种经教，从来也没说过这种离相即佛的道理，成佛有这样的简单吗？

设或有一类众生，"闻此般若波罗蜜多甚深义趣，其心不惊不怖，闻已书写受持读诵，如理思维，为他演说，或复随力如教修行，当知是人如不退位诸菩萨摩诃萨。何以故？世尊！如是般若波罗蜜多，义趣甚深，极难信解，若于先世不久修习布施、净戒、安忍、精进、静虑般若波罗蜜多，岂得暂闻而能信解？"由此我们可以确定，"如是般若波罗蜜多，义趣甚深难信难解。若善男子、善女人等，于布施、净戒、安忍、精进、静虑般若波罗蜜多，未久修习，不久修行，闻说般若波罗蜜多不能信解，或生毁谤，未为希有"。

总而言之，般若是一种极甚深、极难信解的妙法。今日我们这些根基浅薄的愚夫，居然能够在此末法的时代里，听闻到这一义趣甚深的般若，当知在过去不是一佛二佛、三四五佛所种的善根，应该好好珍重这一千载难逢的机运，牢牢把握，切勿等闲视之。当知我等众生现前能闻，能睹，能读此经，虽未能做到离相即佛，然而去佛亦不远矣！

受持般若之功德

般若经的功德说起来真不是笔墨所能形容的。《金刚经》上除零星的赞叹以外，曾多次用校量的方式来论其功德。

第一次用一恒河沙数的恒河里面的沙来校量般若功德，一个恒河里面的沙，已经不可说了，何况恒河沙数的恒河沙？但假如以那么多的恒河沙，一粒沙算一个佛的世界，用充满那么许多世界的珠宝去施舍一切众生，所得的功德，想想看是多么地大？然而还不及有人受持《金刚经》四句偈的功德。

我国及印度在古代把时间分成初、中、后三时。用现代语说，就是早、中、晚。假如有人在早、中、晚三个时间里，都用恒河沙数的身体去施舍无量无数的众生，像这样的施舍，继续到无量百千万亿劫的时间，照说以牺牲自己的身体去布施，比起施舍七宝的功德来说，又更进了一层，其功德当然也不可同日而语了，可是还不及有人闻此般若经的功德。

佛陀在般若经上说：他在过去很多很多的时间里，供养过八百四千万亿那由他佛。这种供养当然包括珠宝和身体在内，较前面单以身体供养又进了一层。其功德当更不可思议了。然而“若复有人于后末世，能受持读诵此经，所得功德，于我所供养诸佛功德，百分不及一，千万亿分，乃至算数譬喻所不能及”。

《大般若经》以五蕴、四谛、四大、十八界、真明等叹其功德。以真如等无量故，菩萨所行般若波罗蜜亦无量。文繁不及详引。

何以听闻此经有如此的功德？经云：“若福德有实，如来不说得福德多，以福德无故，如来说得福德多！”

大概能够信解般若的人，因为宿植德本，已能四相空寂。以无相故，心等太虚，故功德亦无量也。

实践般若之方法

般若有三：一、文字般若；二、观照般若；三、实相般若。以三觉来说，文字般若是不觉，观照般若是始觉，实相般若是圆觉。再以因果区分，文字观照是因，实相是果。

因果三觉分明以后，再来研究如何实践。阅读般若依文解义，是实践中主要的第一步骤。以文字为因素，然后对一切有形与无形的精神和物质加以细密的观察，直至体认到能所皆空，乃至无智亦无得，然后才能理智双亡，冥契真如的实相般若。

然而怎样才能做到能所皆空，无智亦无得呢？

《金刚般若波罗蜜经》说："应无所住，而生其心。"虽然仅仅八个字，但已把实践般若的方法圆满说尽。

不过这八个字略嫌笼统，对于初学的人倒似丈二和尚摸不着头脑。所以，有必要略加解释。

《大般若经》说："云何菩萨摩诃萨欲于一切法，等觉一切相，当学般若波罗蜜多？"佛告具寿舍利子言："舍利子，诸菩萨摩诃萨应以无住而为方便，安住般若波罗蜜多，所住、能住不可得故。

"诸菩萨摩诃萨应以无住而为方便，圆满布施波罗蜜多，施者、受者及所施物，不可得故。

"诸菩萨摩诃萨应以无护而为方便，圆满净戒波罗蜜多，犯无犯相不可得故。

"诸菩萨摩诃萨应以无取而为方便，圆满安忍波罗蜜多，动不动相不可得故。

“诸菩萨摩诃萨应以无勤而为方便，圆满精进波罗蜜多，身心勤怠不可得故。

“诸菩萨摩诃萨应以无思而为方便，圆满静虑波罗蜜多，有味无味不可得故。

“诸菩萨摩诃萨应以无著而为方便，圆满般若波罗蜜多，诸法性相不可得故。”

修习六度固应以无著无住而为方便，其他修习四念住四如意足、五根、五力、七觉支、八圣道、三十七菩提分法，乃至种种花香、灯明车乘、园林舍宅、财谷珍奇、宝饰伎乐，等等，都要以无著无住的般若精神去施为。何以故？因为这些法都是假立的客名啊！菩萨但有名，佛但有名，般若波罗蜜多但有名，色声香味触法但有名，乃至命者、生者、养者、士夫、补特伽罗、异生、儒童，作者、使作者，起者、使起者，受者、使受者，知者、见者，亦但有名。以求其体不可得故，所以菩萨修行般若波罗蜜多时，不见有我，乃至见者，亦不见有一切法性。与《心经》所谓“行深般若波罗蜜多时，照见五蕴皆空”，《金刚经》“以无我，无人，无众生，无寿者，修一切善法，而得阿耨多罗三藐三菩提”，同一理论，不过语焉不详罢了。

由上面的引证，我们可以知道般若的实践全在“观照”两个字上。无论视听言行，或语默动静之间，随时随处皆能精密地去观察，而明了一切诸法皆属因缘所生、当体即空的原理，不执不着，久久纯熟，举默动念，皆作如是观，虽未即佛，亦去佛不远矣了。《金刚经》所谓“离一切诸相，即名诸佛”，岂虚语哉。

但有一件最重要的事必须切记：修行“观照般若”之际，虽然“照见五蕴皆空”，然而不是消极的。《金刚经》所谓无住生心，便是这个道理。无住便是无相，皆空；生心便是生度一切沉沦在生死苦海里面的众生之心。

学佛的人只有一个目标，便是“度一切苦厄”。自己能否达到成佛的境界在所不计。《华严经》所谓“不为自己求安乐，但愿众生得离苦”，其利他之精神与抱负之远大，实为世界其他任何宗教所不及。

我们看了般若以后，深深知道它乃是佛教中的一大总持法门，无论学禅，学净，学律，学教，离了般若，都是徒劳无功。所以般若是妙药，也是甘露，它能治疗我们的百病。如果能常常服食，便可以永久感到安乐。我们对般若应以虔敬的心去护持它，供养它，并且依教奉行。最后我以《大般若经》的四句偈作为本文的结束：“大菩提心护正法，如教修行心寂静。自利利他心平等，是则名真供养佛。”但在平等的自利利他行为下，不要忘记：“一切有为法，如梦幻泡影，如露亦如电，应作如是观。”

参考书目

1. 《大般若经叙》 欧阳竟无著
2. 《五分般若读》 同上
3. 《心经读》 同上
4. 《金刚般若经略疏》 智俨著
5. 《能断金刚经论释》 世亲造 义净译
6. 《能断金刚经论颂》 无著造 义净译
7. 《略明般若末后一颂赞述》 义净著
8. 《成唯识论》 护法等造 玄奘译
9. 《成唯识论掌中枢要》 窥基撰
10. 《中论颂》 龙树造 鸠摩罗什译
11. 《大乘五蕴论》 世亲造 玄奘译
12. 《肇论》 僧肇著
13. 《六祖大师法宝坛经》(曹溪原本)

14.《心经注解》 大兴朱珪著
15.《般若心经赞》 圆测著
16.《般若心经疏记》 法藏 文才著
(以上各书均依金陵刻经处缮本)
17.《金刚般若波罗蜜经论》 世亲造 菩提流支译
18.《金刚般若波罗蜜经破取着不坏假名论》 功德施造 地婆诃罗译
19.《金刚般若波罗蜜经论》(别本) 无著造 达摩笈多译
(以上各书均依中华大藏经修订版)
20.《大智度论》 龙树造 鸠摩罗什译
21.《金刚般若经疏》 智顗(据《辞海》)著
22.《金刚般若疏》 吉藏著
23.《金刚般若波罗蜜经注解》 明宗泐、如玘同注
(以上各书依据大正藏版本)
24.《金刚经讲义》 江味农居士著 福建广化寺印本
25.《金刚经集注》 明朱棣集注 上海古籍出版社一九九〇年版
26.《白话佛经》 不慧述 中国社会科学出版社一九九一年版
27.《太虚大师全书》 太虚著 太虚大师全书影印

委员会印行

28.《太虚大师选集》上、中、下三卷　太虚著　正闻出版社印行

29.《中国近代佛学思想史稿》　郭朋等著　巴蜀书社　一九八九年版

30.《东西文化及其哲学》　梁漱溟著　见《梁漱溟全集》山东人民出版社　一九八九年版

31.《中国佛性论》　赖永海著　上海人民出版社　一九八八年四月第一版

出版后记

星云大师说："我童年出家的栖霞寺里面，有一座庄严的藏经楼，楼上收藏佛经，楼下是法堂，平常如同圣地一般，戒备森严，不准亲近一步。后来好不容易有机缘进到藏经楼，见到那些经书，大都是木刻本，既没有分段也没有标点，有如天书，当然我是看不懂的。"大师忧心《大藏经》卷帙浩繁，又藏于深山宝刹，平常百姓只能望藏兴叹；藏海无边，文辞古朴，亦让人望文却步。在大师倡导主持下，集合两岸近百位学者，经五年之努力，终于编修了这部多层次、多角度、全面反映佛教文化的白话精华大藏经——《中国佛教经典宝藏》，将佛教深睿的奥义妙法通俗地再现今世，为现代人提供学佛求法的方便途径。

完整地引进《中国佛教经典宝藏》是我们的夙愿，

三年来，我们组织了简体字版的编审委员会，编订了详细精当的《编辑手册》，吸收了近二十年来佛学研究的新成果，对整套丛书重新编审编校。需要说明的是此次出版将丛书名更改为《中国佛学经典宝藏》。

佛曰：一旦起心动念，也就有了因果。三年的不懈努力，终于功德圆满。一百三十二册，精校精勘，美轮美奂。翰墨书香，融入经藏智慧；典雅庄严，裹沁着玄妙法门。我们相信，大师与经藏的智慧一定能普应于世，济助众生。

东方出版社